Um vento me leva

Lembranças de Jirges Ristum

Um vento me leva

Lembranças de Jirges Ristum

Ivan Negro Isola
organização

André Ristum
colaboração

imprensa**o**ficial

Sou um evadido.
Logo que nasci
Fecharam-me em mim,
Ah, mas eu fugi.

Se a gente se cansa
Do mesmo lugar,
Do mesmo ser
Por que não se cansar?

Ser um é cadeia.
Ser eu, é não ser.
Viverei fugindo,
Mas vivo a valer.

Fernando Pessoa

Minha alma procura-me
Mas eu ando a monte,
Oxalá que ela
Nunca me encontre.

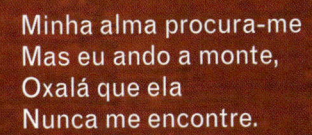

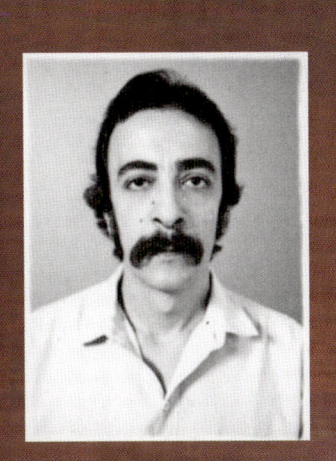

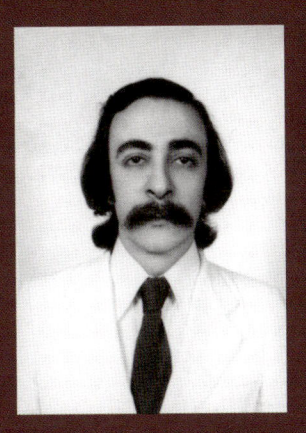

SUMÁRIO

Apresentação
Ivan Negro Isola

Este livro é uma homenagem a Jirges Ristum, uma espécie de almanaque sentimental para nos lembrarmos da sua performática figura. Aliás, as performances do Turco frequentemente faziam lembrar uma chanchada protagonizada pelo José Lewgoy, com quem ele curtia se parecer. Com o Hugo Carvana também.

Jirges não deixou uma obra sistemática. Grafômano, escreveu cartas, bilhetes, guardanapos, anotou ideias, pensamentos, *insights*. Deixou-nos manuscritos esparsos que constituem relevantes vestígios de uma vida em sintonia com o seu tempo.

Construiu-se como personagem(s), montou narrativas, fez de tudo para conquistar a cumplicidade das pessoas. Vivia cercado de gente que gostava dele. E também dos que não gostavam muito... Sempre tinha na ponta da língua uma frase lapidar, irônica, ferina, citava outras proferidas por algum amigo e, talvez por esse gosto, escreveu tantos aforismos.

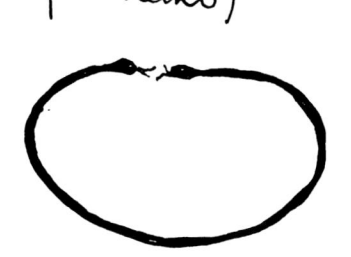

eu – serpente de duas cabeças (uma querendo comer outra primeiro)

É comum que o processo de criação misture vida e obra e sua escritura é um testemunho desse fato. Contudo, tem-se a impressão de que sua obra maior foi fazer amigos, muitos amigos, alguns deles aqui presentes com suas lembranças – para juntar todos seriam necessários alguns livros como este.

Todos nós que convivemos com o Turco demos muitas risadas juntos, dedicamos grande espaço do nosso tempo ao bom humor, muitas vezes à galhofa, enriquecendo progressivamente um rico anedotário, no bom e no mau sentido. Essa especial queda pela galhofa sempre permeou suas relações pessoais, criando laços profundos, cumplicidades, enfim a química que produz amizades eternas. Riu muito e se divertiu, mesmo diante da *Comare Secca*, conforme se verá.

Mas, apesar de uma intensa vida social, pode-se notar que é recorrente em suas anotações – e, principalmente, nos papos com quem o conhecia bem, manifestações frequentes de uma profunda angústia fundamental: a solidão. Como todo mundo, tinha suas sombras, seus fantasmas, daí talvez sua paixão pelo cinema de Michelangelo Antonioni.

Além dos apuros da alma, nosso personagem viveu episódios dramáticos, como a privação da liberdade, no exílio político ou numa prisão italiana. Tudo isto está registrado em rápidas frases, tão rápidas quanto sua passagem por aqui, como o vento que o levou e vai nos levando, a todos...

Ainda quanto à sua escrita, é preciso levar em consideração que o mundo contemporâneo viveu, a partir do advento da psicanálise e das invenções surrealistas e dadaístas, o esfacelamento das formas canônicas e descortinou novas perspectivas para que se observe a história e os indivíduos. Tudo isso temperado pelas experiências sensoriais que embalaram sua (nossa) geração.

Não se espere nenhum rigor biográfico, pois este livro é tecido com os fios da memória de cada um. Como se sabe, ela é uma contumaz traidora, voluntária ou involuntariamente.

Jirges formou-se em direito, iniciou sua vida profissional como jornalista, depois estudou sociologia e, por fim, tornou-se cineasta e *bon vivant*. Todos estes movimentos da sua alma serão sempre levados em conta na montagem dos materiais.

Embora construído a partir de um suporte cronológico (ver p. 185) que vai do seu nascimento, em 1942, à sua morte, em 1984, o leitor deve estar preparado para olhar estas páginas como se olha por um caleidoscópio, mesmo porque nosso personagem era muitos. O sempre imenso Fernando Pessoa explica logo no início deste almanaque e como leremos em vários textos seus e de seus amigos.

Por vezes até pode parecer, mas este livro não é uma hagiografia. Seria uma forma vil de trair a memória do nosso personagem, que escreveu: "eu serpente de duas cabeças, uma querendo comer a outra primeiro" dois de seus tantos outros "eus" em fuga, muitas vezes precedido por seu bigode.

Habitue-se aos *flash backs* e aos *flash fowards* que seremos obrigados a fazer continuamente para percorrer as lembranças contidas em cada texto. Pense cinematograficamente e remonte à vontade os episódios narrados a seguir, mas tenha sempre um olho voltado para as circunstâncias históricas e políticas de cada período.

Nossa narrativa começa em 16 de março de 1942. Em São Thomaz de Aquino, Minas Gerais, quase São Paulo, nasce Jirges Dieb Ristum.

Os Estados Unidos começam a sair do muro em que *O grande ditador* os colocou já em 1940. É claro que me refiro ao magistral filme de Charles Chaplin e não só ao outro trágico bufão que copiava seu bigode.

Na costa brasileira, submarinos alemães torpedeiam navios brasileiros. O ditador Vargas manda suas tropas em defesa da democracia na Europa. Meno male!

Ainda nessa mesma década, a guerra terminou com uma explosão atômica e com o surgimento de uma geração que teve o dom de experimentar e de transformar (se).

eu passo por perdidos suecos

... amores fáceis e amores impossíveis, a sociedade intelectual, os ricos, os artistas, [os gênios] e os jovens ociosos da [Itália] Europa que sobrevive apenas, sem parar nunca, cada [uma destas] etapa(s) é só um momento de aparente suspensão no turbilhão de uma fuga sem fim. Uma fuga que não tem um claro porquê, senão no fato [(de ser)] que eu sou um ser estrangeiro em qualquer parte, que não pertence verdadeiramente a nada: eu sei, somente, que não foi, como se diz, a "inquietude" a empurrar-me, mas, ao contrário, — uma (absoluta placidez). Não tenho nada a perder. Não sou nem corajoso nem curioso de aventuras. **Um vento me leva** e eu não tenho medo de ir até o [fundo]. Minha única realidade [é exatamente] [verdadeiramente] a fuga [e nvl nunca], o implacável destino do [desganado] "disperso" que vive uma progressiva espoliação — um processo pelo qual um [em] Típico "filho do nosso tempo" deve passar, pouco a pouco, sem nome, sem crédito, sem qualificações, sem título, sem dinheiro e sem profissão; não [tendo] pátria nem direitos: não somente, mas provar uma espécie de perverso prazer [em] de enxergar e contemplar — própria ruína. Anular no fim, reduzido à miséria pelos ruas de Roma, prisioneiro de uma [certa] lembrança nihilista, [trágica e solitária,] eu sinto que, apesar de tudo, este é o meu lugar: viver do [odor] de podre e aa nutrir-me de mofo, respirando a pó poeira das casas cadentes (como árvores) e ouvindo, transportado, o canto das traças.

mãe, uma só' (só)

[e basta!

quantos

ediposeriam

fossem

[desdita!

DUAS?

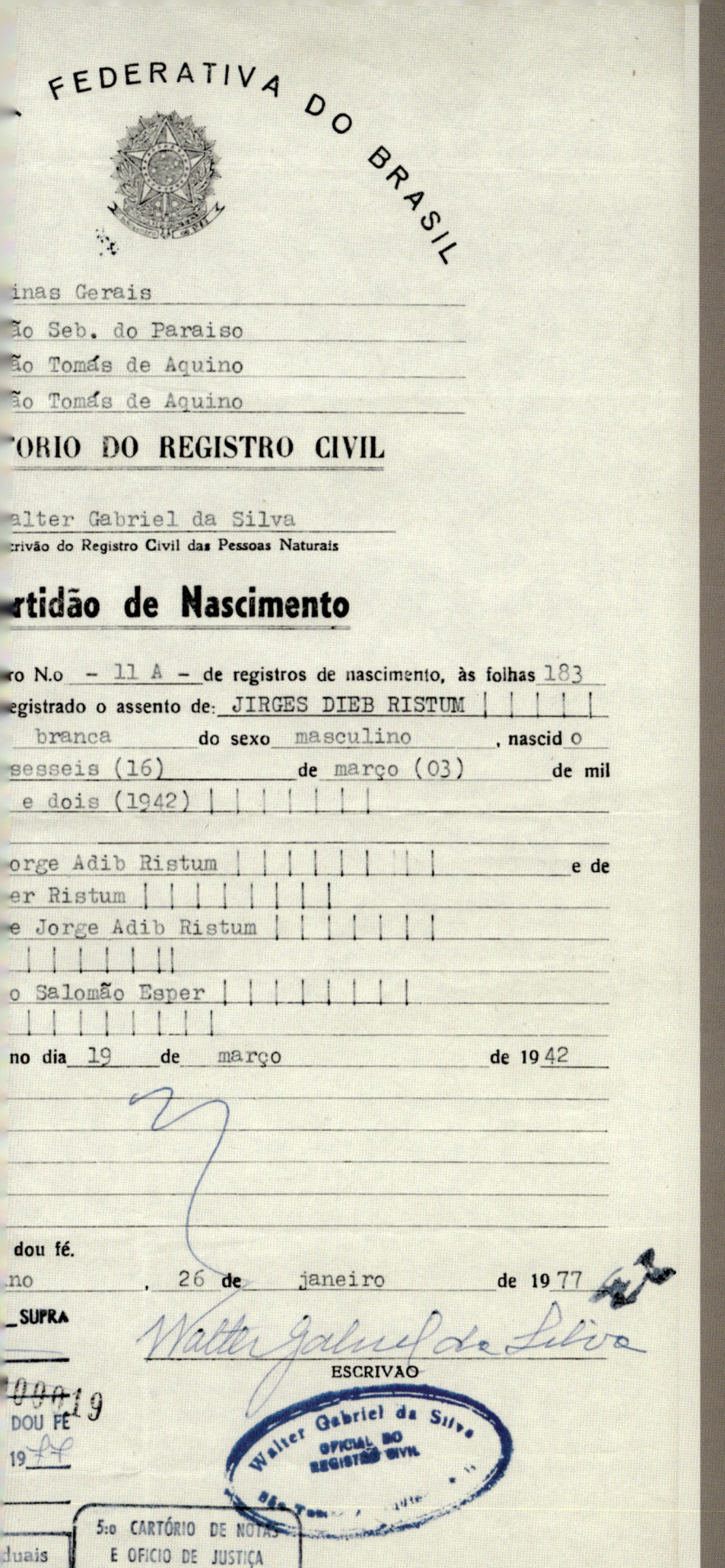

FEDERATIVA DO BRASIL

...inas Gerais

...ão Seb. do Paraiso

...ão Tomás de Aquino

...ão Tomás de Aquino

...ÓRIO DO REGISTRO CIVIL

...alter Gabriel da Silva
...crivão do Registro Civil das Pessoas Naturais

...rtidão de Nascimento

...ro N.o – 11 A – de registros de nascimento, às folhas 183

...registrado o assento de: JIRGES DIEB RISTUM

...branca do sexo masculino , nascid o

...sesseis (16) de março (03) de mil

...e dois (1942)

...orge Adib Ristum e de

...er Ristum

...e Jorge Adib Ristum

...o Salomão Esper

...no dia 19 de março de 1942

...dou fé.

...no , 26 de janeiro de 1977

...SUPRA

Walter Gabriel da Silva

ESCRIVAO

Walter Gabriel da Silva
OFICIAL DO
REGISTRO CIVIL

...00019

DOU FE

19 77

...duais

5:o CARTÓRIO DE NOTAS
E OFICIO DE JUSTIÇA
RIBEIRÃO PRETO

Jirges Dieb Ristum
com 6 mezes de idade

Meu irmão Jirges

Juçara Ristum Vieira

Este é um livro sobre afetos e, como tal, se justifica. Ao pensar meu irmão, este vértice também se impõe. Só posso fazê-lo em associação com lembranças eivadas por sentimentos fraternos. Lembranças minhas são imbricadas com lembranças que foram dele.

Em uma de minhas mais tenras recordações, ele está presente. Vindo de Minas, chegou comigo ao colo na casa em que habitaríamos em Ribeirão Preto. Muito tempo depois, ele ainda se divertia ao repetir, em tom de arremedo, o meu pedido junto ao portão: – Quero apertar a campainha.

Tinha a lembrança desse fato, mas só me certifiquei de que era ele que me levava ao colo, quando relatou o episódio como uma memória sua de menino.

E, foi assim que entramos naquela casa, abrigo de um tempo no qual convivemos. Foi lá que, dotado de personalidade e inteligência ímpares, cumpriu (soberano!) a primogenitura masculina, respondendo a aspirações de nossos pais, desdobramento de valores ancestrais. Isso lhe rendia algumas regalias, que faziam dele objeto de certa inveja, admiração e quase reverência para nós, as meninas. Entretanto, irreverente e contestador, também se rebelou contra essa predestinação, expressando em suas atitudes certa marginalidade que se opunha ao estabelecido, ao sacralizado pelo *status quo*.

Distante do convencional, mais afeito ao conhecimento que ao conforto ou vaidades pessoais, buscava nos livros o prazer e as respostas para seus questionamentos e inquietações. Suas mesadas e recursos viabilizados por nosso pai para suas necessidades diárias eram convertidos em livros, que ele consumia com avidez noite adentro. Objetos de grande apego e zelo, só de longe podíamos admirar as obras e coleções literárias da estante de seu quarto. Mas, foi dele que ganhei o primeiro livro infantil, *Gente e bichos* de Érico Veríssimo, que me abriria as portas para a literatura.

A seu modo, às vezes impactante, ia abrindo as portas de todo um universo, bem mais amplo que nosso cotidiano. Não era raro que, ao passar pela sala onde estudávamos, dissesse qualquer coisa como: – Vocês estão sendo enganadas, hein?! A história do Brasil foi escrita na cama.

Ele certamente protagonizou uma época de embates e mudanças. Contraditório e, por vezes, conturbado pautava sua vida por uma lógica revolucionária ao mesmo tempo em que, à deriva em sua condição romântica, quase que se deixava guiar pelas estrelas.

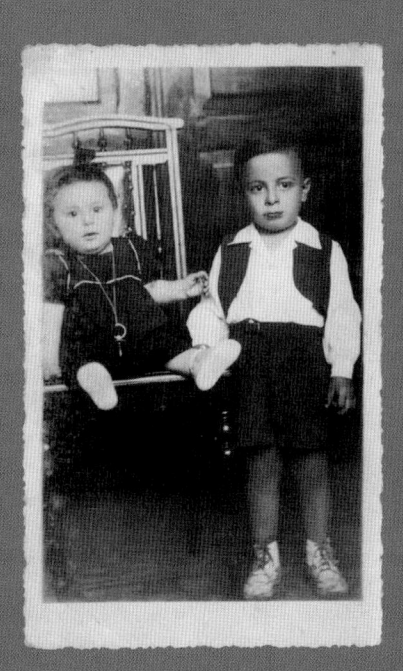

Inúmeras e infindáveis foram as discussões políticas e de valores a que assisti entre ele e nosso pai o que, desde cedo, me colocou diante da dialética ideológica esquerda-direita. E, por extensão, em contato com a vida em seu suceder dialético. Outras possibilidades se abriram para além dos limites do positivismo que enquadrava a rigorosa formação religiosa e moral que recebíamos.

À época da repressão, ficando certa vez retido no quartel, em razão da militância política estudantil, foi visitado por nosso pai, acompanhado de um advogado, mas, que também levava consigo pijama, chinelos e escova de dentes. Isso talvez, menos pela eventualidade de ele ter que pernoitar ali do que para chamá-lo à responsabilidade de responder pelos seus atos, e assumir os efeitos e consequências deles. Jirges achava engraçado quando relatava o acontecido. Ironicamente, esse mesmo pai o defendeu quando, em uma assembleia da Câmara Municipal de Ribeirão, foi acusado de "receber dividendos provenientes da União Soviética". Foi ele também que, apesar da própria severidade e coerência, conservou seus livros escondendo-os para que não se estragassem, nem se perdessem. E, mais uma vez, foi ele que percorreu comigo quartéis de São Paulo para conversas com coronéis, na esperança de articular alguma estratégia política que possibilitasse seu retorno sem riscos ao Brasil.

Foi extenso o período de seu exílio na Europa. Impossibilitado de renovar o passaporte, retido pela Embaixada brasileira, tornou-se imperativa sua permanência em Roma, onde residia. Uma permanência que foi a um só tempo profícua e de grandes dificuldades. Em nossa correspondência, enviou-me logo que se estabeleceu ali, recém chegado de Varsóvia o certificado da benção do papa. Recebi também o terço de contas vermelhas, ornadas com arabescos dourados, já que jocosamente, me chamava "santa do Menino Jesus" – uma alusão ao encantamento ingênuo que me ligava ao colégio e às freiras com quem estudava.

Tempos depois, pude visitá-lo em Roma. Após admitir sua apreensão em encontrar-me já adulta, conduziu-nos, meu marido e a mim, em nossa primeira visita àquela cidade – Roma se conhece a pé –, disse ele. Foi em sua companhia que passeamos pela primeira vez pelo "Palatino", o caminho de suas andanças. Visitamos "il Tempio de Vesta", "il Circo Massimo", "il Colosseo", "il Panteon", "la boca de la Veritá". Ao final de um dia de caminhada, ainda pudemos ouvi-lo dizer: – Isso era o que eu queria mostrar para vocês. Agora, vocês podem ir descobrindo sozinhos. Estamos descobrindo até hoje, mais de trinta anos depois, em sucessivas idas, os encantos daquela cidade e os sentidos do que possa ser eterno.

Essa mesma vitalidade e busca do belo ainda estavam presentes nele, em parte do período que o acompanhei no Memorial Hospital de Nova Iorque. Passávamos horas ouvindo os clássicos em um canal da TV americana. Ele insistiu para que, certa noite, Tezzy e eu fôssemos ao Metropolitan assistir a *Carmen*, de Bizet. É certo que também veríamos por ele. Um espetáculo grandioso. Uma das mais belas e vibrantes óperas, das várias que tive depois, a oportunidade de ver ali. Sou grata a ele, também por isso.

Na passagem daquele ano – 1984 – ele comemorou dizendo com intensidade – *I survived*. Iniciava um novo ano e se renovava sua esperança, por mínima que fosse. Sobrevivendo, teria chances.

Dias depois, acometido pelo acidente vascular cerebral (AVC), última manifestação de sua doença, solicitava que afastássemos de sua frente "aquelas cores" que só ele via. Era o prenúncio da morte que de fato o levaria a um lugar sem cores, sem sons – vazio da diversidade e turbulência da vida, que ele tão bem testemunhou.

Era chegada a minha vez de trazê-lo de volta a casa. À mesma cidade que nos acolheu na infância e que seria sua última morada.

Hoje, ele se faz presente na nudez de seus versos, despidos de adereços. Situações de falta e de carência são regeneradas na concepção poética que se ergue contra o tempo. Quase um gesto de redenção em sua curta vida. Assim, ele sobrevive. Acredito que em gesto análogo poderia dizer-lhe: – You've "survived" on our minds and in our hearts. You'll survive forever!

a velhos amores

fogueiras

n – o – v – a – s

① nasce : par
② vive : ímpar
③ morre : só
(um, dois, três
quem quiser
conte
outra - vez)

EM FRENTE A CASA PAROQUIAL DE AQUINO

Nos bancos da escola

Antônio Vicente Golfeto

Jirges foi um típico adolescente – depois, jovem – dos anos dourados. Só quem viveu este tempo pode falar sobre ele. Afinal, saber – verbo – tem um substantivo correspondente. Este substantivo é sabor exatamente porque saber é sentir. Não é ler. Nos anos dourados – cujo ícone foi o presidente J.K. e cuja trilha sonora foi a bossa nova – a juventude fazia-se presente no momento em que se discutia os destinos do país. E é nesta moldura que me lembro do Jirges estudante de segundo grau, meu contemporâneo do velho Instituto de Educação "Otoniel Motta" e, depois, colega de faculdade de direito. Ele sentava-se ao meu lado. Não é apenas nos dias de hoje que, pelas condições em que se vive, quem nos faz rir é um benfeitor. Naquele tempo também. E aí está uma das qualidades mais palpáveis do Jirges: o humor, manifestação clara de sua fina inteligência. Se a tristeza é irmã da doença – por simetria – a alegria é irmã da saúde. Jirges nos fazia rir, ser alegres, gostar da vida.

Só não entendi por que morreu tão cedo. No momento só encontrei arrimo no poeta Píndaro, que diz: "morre cedo aqueles que os deuses amam". Não tem outra explicação. A não ser que fiquemos com Albert Camus para quem "o absurdo é a alma deste mundo".

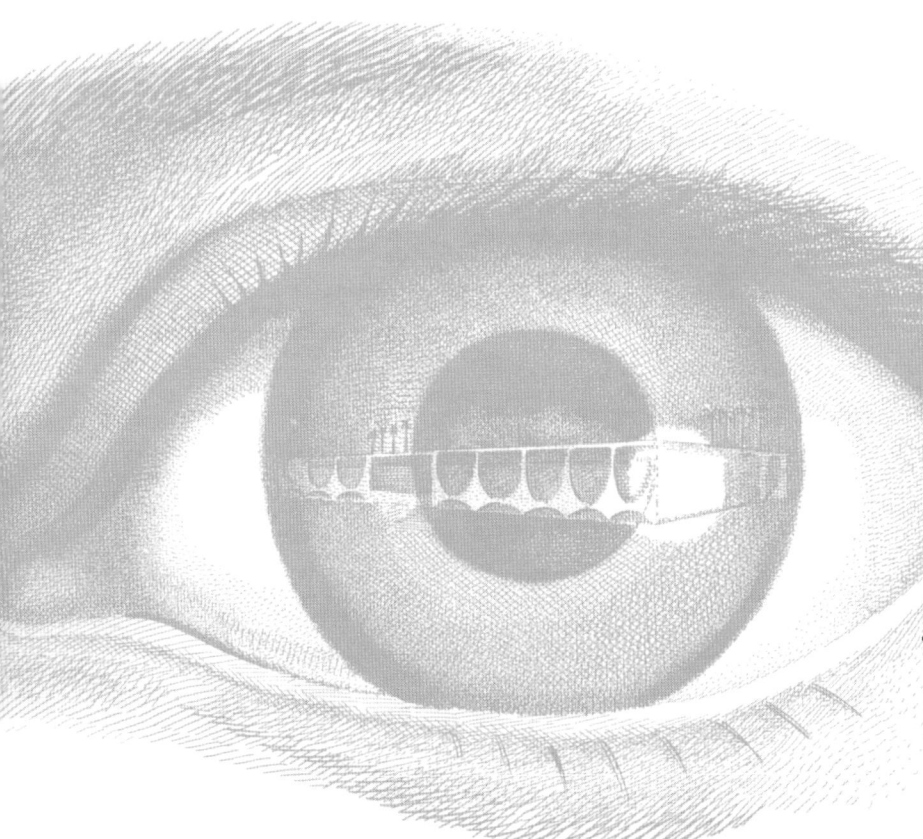

Jirges Dieb Ristum, "O Turco"

Feres Sabino

Nosso grupo do antigo Ginásio do Estado era alegre, gozador, solidário, quiçá de não muitos estudos. Mas a professora de português era exigente nas três aulas semanais. Jirges, desculpe-me, o saudoso Turco, era assim, alegre, gozador, bom aluno de português.

Eu me lembro daquele porre, que começou com muito chope e acabou com muito gim, lá na casa da família grega, que era de um rigor irrepreensível, quase absoluto. Eu acabei no pronto-socorro, o Turco também sobreviveu. Naquele sábado, na festa da turma do "clássico", violamos a rigidez familiar do outro. Foi um tremendo diz-que-diz, depois, lá na escola.

Outra lembrança foi daquela noite de fim de festa. Você vai me levar para casa, ele me disse. – O "velho" gosta de você e ele não vai bronquear. Fomos andando, atravessamos a cidade, na madrugada. O "velho pai" não bronqueou.

Está escrita neste outra lembrança cartão postal, que recebi, quando ele já estava em Roma, naquela data daquele envelope, que não guardo, pois, o vento o levou. Está escrito assim:

"Feres, turco velho: como vai esta simpatia árabe-subversiva? e o trabalho? E a política? Não é porque não escrevi, senão depois de muito tempo é que você não vai querer manter correspondência comigo, não é? Seja um menino educado e cumpra seus deveres. Estou esperando que você mande logo, logo, as novas e as velhas. São poucas as notícias que chegam do Brasil. Um abração na família, ao Sergio Roxo, João Orlando e respectivas, ao Celso Sillos, ao Gasparini, ao Fernando Horta e aos amigos todos, cujos nomes não posso dar, que não tem espaço. Escreva. Estou esperando. Um abração."

Eu vejo o Turco de calça caqui, camisa bege e gravata bordô. Ou antes, era terno caqui, gravata preta, camisa branca, circulando falante pelo pátio. Ele também está ali, sorridente, galante, naquela entrada das meninas, que não mais existe. Ah, nossos uniformes, lá do Ginásio!...

É leve e bom lembrá-lo.

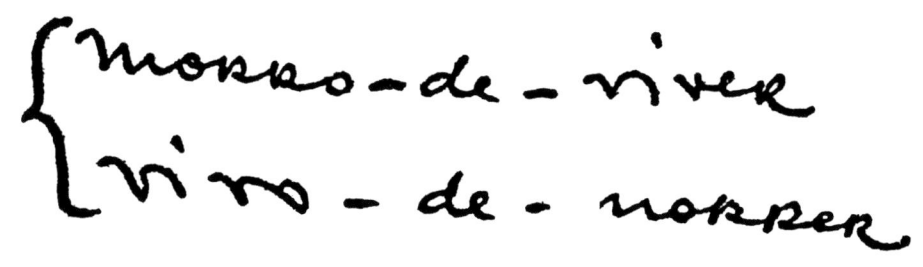

ATO PUBLICO COMEMORATIVO DA
REVOLUÇÃO SOCIALISTA
DE OUTUBRO

Convidamos o povo a comparecer à solenidade comemorativa da Revolução Socialista de Outubro, a realizar-se hoje, às 20 horas, no Salão do antigo Centro do Professorado Paulista, à Avenida da Liberdade, 928. Falarão os seguintes oradores:

Cientista MARIO SCHENBERG sobre:

"A INFLUENCIA DA REVOLUÇÃO DE OUTUBRO NAS LUTAS DOS POVOS PELA EMANCIPAÇÃO NACIONAL."

Jornalista PAULO SINGER sobre:

"A REVOLUÇÃO DE OUTUBRO E O MOVIMENTO SOCIALISTA".

Lider universitario MIGUEL IGNATIOS sobre:

"A REVOLUÇÃO DE OUTUBRO E A MOCIDADE"

aa) Caio Prado Junior
Paulo Dantas
Suzana Sampaio
Antonio Chamorro
Vilanova Artigas
Gamal Chain
J. Batista Morais Andrade
Newton de Oliveira
Ramiro Luchesi
Ibiapaba Martins

Pedro Francisco Yovine
Raimundo Pascoal
Moises Vinhas
Dysnei F. Scornaienchi
Remo Forli
Fulvio Abramo
Lindolfo Silva
Jirges Diebe Ristum
Antonio Petransan
Rodolfo Peano

Um sarrista sério
Vanderlei Caixe

Moramos, na nossa juventude, no mesmo bairro dos Campos Elíseos, aqui em Ribeirão Preto. Eram dois quarteirões de distância, ele na avenida da Saudade quase esquina com a rua Anita Garibaldi e, eu na rua Goiás com a rua São Paulo. Às noites de quinta, sábado e domingo nos encontrávamos na pracinha Santo António, em frente à igreja de mesmo nome. Era a nossa turma do Campos Elíseos, uns trinta jovens e mais algumas garotas. Era o ponto de encontro para festinhas, "penetras" em casamentos – sempre tinha um olheiro da turma que ia verificar onde era o casório, na igreja, no sábado. Era também para namorar, pois a praça era muito frequentada por garotas do bairro.

Ali conheci o Jirges (ou o Turcão como alguns o chamavam), das farras alienadas, das bebedeiras de sábado e também um contato mais político. Jirges já estava com um pé no Partido Comunista Brasileiro e passava as questões políticas sempre que pudesse. Na verdade, junto com o Irineu de Moraes, um dirigente comunista, Jirges também foi parte da doutrinação que me levou ao PCB.

Saímos várias vezes para participar de festas-reuniões do Partido em que estavam pessoas simpatizantes ou simplesmente amigos. O fato que sempre me marcou quando estava com o Turco é que ele sempre era um catalisador, um referencial para as pessoas, politicamente ou não. De repente lá estavam quase todos em torno Jirges ouvindo-o contar piadas ou gozar com a vida e a política reacionária com um humor que contagiava. Várias vezes ouvi pessoas até de direita dizer: "gosto desse cara, que importa se ele é comunista. Ele é um sujeito legal", ou coisa assim.

Passamos quase um ano sem nos vermos. Fui para São Paulo fazer cursinho para a Faculdade de Direito, mas depois desisti e voltei para Ribeirão Preto e, em 1963 estava cursando a Faculdade de Ciências Econômicas. Já era membro do PCB. A primeira tarefa foi criar um Centro Acadêmico independente do Diretório Acadêmico do "dono" da Faculdade, o Oscar de Moura Lacerda, um fascista, colaborador para o golpe de 1964.

Com a criação do Centro Acadêmico, fui expulso com mais 11 companheiros da diretoria. Eu era o presidente. O caminho foi uma greve que mobilizou todos os universitários e com apoio de outras Faculdades de Ribeirão Preto.

Mais uma vez encontro com o Jirges, ele estava chegando de São Paulo, era membro da União Estadual dos Estudantes, e vinha com despacho do ministro da Educação, Paulo de Tarso mandando o diretor da Faculdade nos readmitir.

O diretor detestava o Jirges e o chamava, em particular com os vice-diretores, de comunista. Mas diante do poder conferido ao Turco, teve que recebê-lo e fez as readmissões. Fomos comemorar com uns chopes no Pinguim. Famosa choperia de Ribeirão Preto.

Com o golpe militar fui expulso definitivamente da Faculdade. Fiz vestibular e em 1965 estava na Faculdade de Direito Laudo de Camargo. Novamente vem o Jirges, desta vez com a tarefa que eu deveria criar uma base clandestina do PCB na Faculdade de Direito. Indicou-me algumas pessoas as quais eu deveria recrutar para estrutura da Organização de Base (OB). Uma delas era a Mariza Batiston Toledo, que tinha ingressado naquele ano. E também a irmã dela, a hoje apresentadora de TV Marilia Gabriela, aliás, o nome certo é Marilia Batiston Toledo. Esta iria para o grupo de teatro e para o cineclube, que era um dos referenciais do Partidão para formação cultural e recrutamento.

Jirges tinha um circulo de amizade muito grande e, nos contatos que fiz com ele, seja na *Folha de S.Paulo*, onde ele participava de uma OB do PCB, seja na Faculdade de Direito do Largo de São Francisco, sempre estava rodeado dos personagens que estavam crescendo e contestando, na época, como Oscarlino Marçal – presidente, com Paulo Coelho, Raul Seixas e outros.

Em 1965, houve o Congresso da União Nacional dos Estudantes (UNE), o último na legalidade. Foi em São Paulo na Politécnica. As bases do PCB estavam divididas entre apoiar a chapa da Ação Popular (AP), na presidência, em troca de cargos na diretoria. Haveria uma composição. Eu representava o PCB nessa discussão. Era contra a cabeça na mão da AP.

Aí entra novamente do Turco para fazer os convencimentos. Como o clima estava muito frio, ele convida-me para ficar num apartamento em que ele morava com o Roberto Müller. Para "trocar umas ideias políticas sobre a eleição da UNE". Eles viviam numa penúria naquele apartamento. Somente tinha pão de forma e leite condensado. Fazíamos sanduíches disso. Bem, ao final não conseguimos "trocar ideias" conforme ele esperava com o Comitê Estadual do PCB. Votei contra a AP, mas fomos derrotados.

Somente voltei a ver o Jirges quando ele já ia embora para a Itália. Recordamos bons pedaços da juventude e da vida política. Soube dele depois pela Radah Abramo e pela minha companheira Ayala Rocha.

Perdemos um grande companheiro que soube viver, sofrer, amar a vida e tirar dela um grande "sarro" sério.

[anotação manuscrita à margem:] essa gente não-sabe se meter d'acordo, porra!

nesta ordem
(ordem, há?)
AHI
HÁ
pepino voando baixo?
cú na parede,
companheiro!

O Jirges era assim, e muito mais
Roberto Müller Filho

Era quase impossível não gostar dele. Pelo menos não por muito tempo. Ou melhor, era possível e frequente não gostar de algumas coisas que ele fazia. Homens ou mulheres, todos tombavam sob sua sedução insólita. Alto, magro, cabelos negros e lisos, olhos castanhos, tristes, um nariz inconfundível de árabe. Em algumas temporadas, insultava-nos com um vasto bigode de extremidades viradas para baixo. Não era um homem bonito, mas fazia um tipo irresistível. Debochado, desbocado, terno, perdulário e sonhador. Ter convivido com ele me fez entender o significado da expressão "encanto pessoal".

Assim era o Jirges. Imprevisível, desde menino, que foi quando nos tornamos amigos e surgiu um afeto que durou até sua triste morte, em Nova Iorque, vítima de leucemia. Na verdade, esse sentimento perdura até hoje na memória, com saudades daquele jeitão irreverente, de suas realizações e das fantasias no cinema.

Lembro-me dele em centenas, talvez milhares de situações, algumas impublicáveis, outras tão divertidas e atrevidas que nos fazem rir ainda agora, desde os tempos em que, garotos de ginásio, na Ribeirão Preto onde fomos criados, comprávamos balas com recheio de rum, travessura que marcava nosso ingresso precoce nas bebidas de adultos.

Um dia, bem mais tarde, nos reencontramos em São Paulo, eu metalúrgico da Companhia Siderúrgica Paulista (Cosipa), foragido, ele vice-presidente da União Estadual dos Estudantes (UEE), igualmente escondido da polícia da Ditadura. Disseram-me que ele havia morrido, no Congresso da UNE, em Manaus, em pleno Golpe. Chorei pela primeira vez sua morte. Felizmente, a notícia era falsa e quem quase morreu, de susto e emoção, fui eu, ao encontrá-lo, por acaso, na avenida São João, caminhando ao lado do amigo comum Miguel Ignatius.

Quando, depois de muitas agruras, ganhei uma ação trabalhista que movi contra a Cosipa, de onde fora demitido e enviado ao nefando navio-presídio Raul Soares, minha indenização foi toda consumida numa noite numa boate russa, Balalaica, que havia em São Paulo. Fomos ele, Tezzy, ainda sua namorada e Tânia, então minha mulher. Bebemos todas e lembro-me de Jirges, emocionado como todos nós pela magnífica voz de uma russa que, cliente da boate, resolvera cantar. E o Jirges decidiu reagir, como sempre à sua moda surpreendente: – Bem feito – disse em voz alta – foge e depois

30

morre de saudades –, na presunção de que aquela bela mulher era uma russa branca, fugida da União Soviética.

Moramos juntos, num pequeno apartamento na rua Antonio Carlos, perto da avenida Paulista. Nomeou-se padrinho de minha filha Karen, quando ela ainda estava no ventre materno. Meu filho Carlo Frederico tem esse nome porque nasceu poucos meses antes de André, filho dele e de Tezzy, já no exílio. Fizemos um trato: quem tivesse primeiro um filho homenagearia nele nossos ídolos Karl Marx e Friedrich Engels.

E havia conseguido uma vaga de copidesque na *Folha de S.Paulo*, na verdade a vaga era dele, que não pôde assumir para regularizar sua situação na Faculdade de Direito. Jirges voltou poucas semanas depois, mas aí só havia vaga para revisão, para onde ele foi, até que, apresentado por mim a Cláudio Abramo, jornalista inigualável que comandava a redação, colocou os pés sobre a mesa do mestre enquanto ameaçava com seu desejo de ser transferido para a editoria de política. Achei que nossa experiência no jornal terminaria ali. Mas Cláudio encantou-se com ele, com aquele ar insolente, aquela inteligência esparramada e fértil e deu-lhe a vaga. Em pouco tempo, nomeou-o editor de política. Só que Jirges não sabia datilografar. Seus textos, impecáveis e argutos, eram manuscritos e, não raro, era o próprio Cláudio quem os passava para a lauda, em letra de forma.

Cláudio foi seu padrinho no casamento religioso (eu, no civil), com Tezzy, bailarina, no mesmo dia em que, para desespero do sogro, um italiano conservador, embarcou para a Polônia, para estudar política, sua grande paixão. Lá ele ficou poucos dias, pois foi aconselhado a sair do país, após ter assinado – ele, notório descendente de árabes e comunista – um manifesto contra a perseguição aos judeus, promovida supostamente pelo governo socialista da época. Foi para Roma e transformou sua casa numa espécie de embaixada clandestina dos exilados políticos. Lá, conviveu com dirigentes de diferentes alas do movimento de resistência armada à ditadura brasileira. Com Tezzy, viveu algum tempo em Londres, onde ambos trabalharam num programa radiofônico em português da British Broadcasting Corporation (BBC).

De volta a Roma, tornou-se amigo de Antonioni e de Bertolucci, de quem, aliás, foi assistente na filmagem de *La luna*.

Pouco tempo depois de sua volta, com a Anistia, contraiu uma leucemia aguda, tratou-se, primeiro em São Paulo, depois em Nova Iorque, para onde foi por recomendação de um grande oncologista do Hospital Albert Einstein, que o conhecera já doente, a um professor renomado do Memorial Hospital, que experimentava um protocolo quimioterápico em pacientes em estado muito grave. Chegou a ter uma rápida remissão, mas uma recaída feroz levou-o para sempre.

Enfrentou a doença com o mesmo bom humor e atrevimento com que desfrutou sua curta existência. Nunca o vi queixar-se. Uma noite, quando, pressuroso, levei pessoalmente ao Hospital do Servidor um frasco de um concentrado de sangue que acabara de doar no Einstein, onde havia uma máquina especial para colher o material, no volume necessário, ouvi dele, anêmico e muito magro, no leito do setor de isolamento onde fora internado:

– Lá vem o Müller, trazendo minha groselha.

Assim era o Jirges, de quem fui amigo fraterno e de quem sinto tanta falta até hoje.

O Jirges era assim, e muito mais.

"Não se meta com o trabalho da imprensa"

: :

o curso golégial concluiu no ano de 1960 no G.E. Otoniel Motta todos desta cidade;que, durante os anos de 1961 e 1962, o interrogando frequentou o cursinho "Carlos Chagas" e posteriormente o "Rocha Lima";que, e m 1963 ingressou na Faculdade de Medicina de Ribeirão Preto, onde diplomou-se no ano de 1968 ; que, durante o periodo em que frequentou "cursinhos" para preparar-se no ingresso à Faculdade, o interrogando veio a conhecer GIRGES DIEB RIETUM, que também frequentava o mencionado - "cursinho";que, GIRGES naquela epoca dizia ser do Partido Comunista Brasileiro e suas converas desportaram no interrogando, interesse em também ingressar no Partido Comunista;que, o interrogando pediu a GIRGES que facilitasse seu ingresso no Partido e foi atendido;que, assim, passou o interrogando a colaborar para o Partido com a importância mensal de cem cruzeiros velhos e adquiria semanalmente o jornal "NOVOS RUMOS" que na epoca era o órgão oficial de divulgação do Partido;que, todavia, durante o periodo em frequentou o "cursinho" o interrogando não teve qualquer atividade no Partido, tendo em vista que GIRGES lhe dissera nada adiantar tentarem um movimento no meio dos frequentadores do cursinho,mas que o interrogando se preparasse para quando ingressasse na Faculdade, quando então passaria a ter atividades junto ao meio estudantil universitá rio;que, ingressando na Faculdade o interrogando passou a ter atividades no Partido, junto ao Centro Popular de Cultura, do qual o interrogando foi um dos fundadores;que, esse centro - mantinha ligações com a UNE e UEE (União Nacional dos Estudan tes e União Estadual de Estudantes) e tinha com finalidade prei pua a pregação de ideologia de esquerda, bem como manifestar contra o imperialismo Norte- Americano e solidariedade a Cuba;que, não se recorda a data, mas parece-lhe que foi ano - ... de 1963 o interrogando ficou conhecendo IRINEU DE MORAES

FOLHA DE S.PAULO

9 de julho de 1967

Politica nuclear

Uma Oposição que aplicasse o mesmo rigor de julgamento que a orientava ao tempo do governo Castelo Branco poderia considerar insatisfatorios os resultados obtidos pelo presidente Costa e Silva.

A esperança, transformada nos primeiros dias do governo Costa e Silva em intensa expectativa, seguiu-se um certo vazio. As medidas anunciadas no discurso de posse, todas elas, estão ainda num plano que antecede a sua colocação em pratica: não fossem algumas mudanças introduzidas no esquema economico-financeiro pelo ministro Delfim Neto, nada mais haveria para justificar o que se anunciara sobre a redemocratização do país, desafogo da industria e retomada do desenvolvimento. Tal é a opinião de muitos setores da vida nacional.

Mas, para encontrar seu caminho e descobrir o meio pelo qual o governo pudesse firmar-se dentro do sistema implantado pela Revolução, o presidente da Republica foi buscar o que mais atendesse aos anseios gerais, sem entrar em choque com a area militar e sem contrariar a area política, cujo apoio no Parlamento considera indispensavel. Não foi difícil: bastou ao presidente trazer à baila uma questão latente e, depois de superar certos atritos, passar à ação pratica.

Isso foi feito, ao fixar e dar contorno nitido à politica nacional relativa à exploração nuclear. Aí estão, no momento, concentradas todas as forças do governo, manifestadas através das posições assumidas pelo Itamarati em varios encontros internacionais, onde o problema é debatido.

Militares

O primeiro obstaculo a ser superado encontrava-se nas Forças Armadas. Pelo menos duas correntes debatiam este problema, sem chegar a acordo, dificultando a ação do governo.

O grupo militar que deu apoio ao presidente Costa e Silva desde o lançamento de sua candidatura concordava com a opinião dos tecnicos, cientistas e de alguns politicos, que defendiam a necessidade de reiniciar, imediatamente, as pesquisas e preparar o país para a corrida do atomo.

A Sorbonne — ou os remanescentes da Escola Superior

elas, estão ainda num plano que antecede a sua colocação em pratica: não fossem algumas mudanças introduzidas no esquema economico-financeiro pelo ministro Delfim Neto, nada mais haveria para justificar o que se anunciara sobre a redemocratização do país, desafogo da industria e retomada do desenvolvimento. Tal é a opinião de muitos setores da vida nacional.

Mas, para encontrar seu caminho e descobrir o meio pelo qual o governo pudesse firmar-se dentro do sistema implantado pela Revolução, o presidente da Republica foi buscar o que mais atendesse aos anseios gerais, sem entrar em choque com a area militar e sem contrariar a area política, cujo apoio no Parlamento considera indispensavel. Não foi difícil: bastou ao presidente trazer à baila uma questão latente e, depois de superar certos atritos, passar à ação pratica.

Isso foi feito, ao fixar e dar contorno nitido à politica nacional relativa à exploração nuclear. Aí estão, no momento, concentradas todas as forças do governo, manifestadas através das posições assumidas pelo Itamarati em varios encontros internacionais, onde o problema é debatido.

Militares

O primeiro obstaculo a ser superado encontrava-se nas Forças Armadas. Pelo menos duas correntes debatiam este problema, sem chegar a acordo, dificultando a ação do governo.

O grupo militar que deu apoio ao presidente Costa e Silva desde o lançamento de sua candidatura concordava com a opinião dos tecnicos, cientistas e de alguns politicos, que defendiam a necessidade de reiniciar, imediatamente, as pesquisas e preparar o país para a corrida do atomo.

A Sorbonne — ou os remanescentes da Escola Superior de Guerra no governo — vinculada ainda à doutrina da "guerra fria" e segundo a qual o mundo se divide em duas potencias principais e que o confronto armado entre eles é inevitavel, sendo obrigatoria a vinculação dos outros paises a um dos blocos, colocando o Brasil em situação de colaborador da defesa dos interesses do Ocidente, era contraria a que a questão fosse tratada com a urgencia pedida pelo presidente da Republica.

A principal preocupação deste grupo, foi, desde o inicio, a de preparar-se para reprimir possiveis tentativas armadas de setores descontentes que, agindo internamente, pudessem alterar o sistema de equilibrio das forças internacionais. Justificava esta posição alegando que o Exercito deveria cumprir sua missão policial, sem a necessidade de epuipar-se com armas modernas, não convencionais. E a exploração atomica ficaria restrita aos paises que já possuem os meios adequados e podem despender grandes somas neste investimento.

Os contatos constantes de cientistas e politicos com o Estado-Maior das Forças Armadas, no entanto, alteraram substancialmente esta posição: não seria arriscado afirmar que hoje talvez não exista em toda a area militar quem defenda pontos de vista contrarios. E consideram até como um ato de traição nacional qualquer atitude tomada contra os interesses do governo, que defende a posse do «direito exclusivo de explorar, pesquisas e industrializar minerais e minerios nucleares».

A revelação de que a Argentina teria condições para a construção de uma bomba atomica, em prazo relativamente curto — desmentida embora pelo presidente da Comissão Nacional de Energia Atomica argentina — pôs em sobressalto estas areas que, agora, não titubeiam em afirmar que deve ser dada prioridade aos estudos, e defender não só a pesquisa, como tambem a intensificação da aplicação da energia do atomo para os fins pacificos.

O iongo percurso percorrido do inicio das articulações até a situação atual não sofreu interrupção. Na area política, evidentemente mais sensivel à vontade do presidente, as noticias chegaram com grande rapidez e logo passaram a ser o centro das atençoes, tanto no partido situacionista como na Oposição.

A Convenção Nacional do MDB, reunida em junho passado, estabeleceu como um dos principais itens do programa do partido a luta pelo monopolio estatal da exploração nuclear. E foi um deputado da ARENA, depois de sondar as posições de seu partido, o autor de um projeto que cria a ATOMOBRÁS.

define rumos de Costa e Silva

Este projeto deverá, depois do recesso de julho, voltar à Camara Federal para a segunda discussão, sendo já quase garantida sua aprovação pela Comissão de Justiça, cujo relator é o deputado Edgard da Mata Machado, do MDB de Minas Gerais. Acreditam os observadores que este projeto, com algumas modificações e substitutivos, deverá ser aprovado por unanimidade: muitos se lembram da votação do projeto que criou a Petrobrás, aprovado em circunstancias semelhantes.

Com isso, o presidente da Republica galvaniza grande parte da opinião publica nacional. Segundo os assessores do presidente Costa e Silva, vive-se o momento exato de conseguir-se a união nacional, há tanto pedida pelo chefe da Nação, em apelos que se repetem dia a dia.

Vencidos, pois, os entraves nas areas política e militar, pensam os defensores da idéia do imediato aproveitamento da energia atomica ter chegado a hora de ganhar o povo para esta posição, sendo certo que a industria nacional recebe com satisfação o fato de ter de colaborar com o programa do governo, na fabricação dos componentes dos reatores, indispensaveis à pesquisa nuclear.

Seaborg

Não existe, ao que se saiba, nenhum acordo outratado internacional que impeça o Brasil de realizar um programa de pesquisas no campo da energia nuclear.

A dificil missão do cientista Glenn Seaborg, presidente da Comissão de Energia Nuclear dos Estados Unidos, junto às autoridades brasileiras, no sentido de fazer valer os termos de um tratado que, impedindo a dissiminação das armas nucleares, entrava de certa forma o programa de pesquisa autonoma e o desenvolvimento da tecnologia nacional, encerrou-se com o reconhecimento da existencia de divergencias.

Alguns militares receberam consternados esta visita; os mais exaltados não escondem sua estranheza diante da visita de «um homem deste porte que, apesar de todo conhecimento que possui e do respeito que merece pelas suas qualidades, tenta vender canoa para quem já tem encouraçado». Com a area militar unida e realmente interessada, agora, no programa do governo, a missão Seaborg parece ter perdido o sentido pratico, provocando uma reação desfavoravel ao que ele defende: dificilmente será aceita a orientação sugerida pelos Estados Unidos, desde que o governo de Washington está na impossibilidade de prestar qualquer ajuda, pela propria legislação do país, muito rigida e que limita a possibilidade de exploração nuclear, por capitais norte-americanos, em outros paises.

Por esse motivo, todos os convenios até hoje assinados pelo Brasil não tiveram condições de aplicabilidade. As grandes podencias atomicas têm acordos que regulam a aplicação da energia nuclear, e procuram, através de outros acordos, oferecer uma ajuda que, embora valiosissima em certos setores, pode redundar em limitação da exploração autonoma. Tanto os Estados Unidos como a União Sovietica recebem mal a tentativa dos varios paises que procuram, por seus proprios esforços, desenvolver-se no campo nuclear: a vulgarização de seus segredos e o desenvolvimento das tecnologias nacionais levam à dissiminação da pesquisa, provocando alteração no panorama internacional.

No entanto, os paises tradicionalmente ligados a qualquer uma das potencias maiores, contrariando suas orientações, interessam-se pela possibilidade de desvincular-se. As duas super-potencias nucleares olham com preocupação as investidas, nesse plano, das nações menos desenvolvidas e politicamente instaveis.

A França e a China funcionam neste momento como o catalisador das atenções e como o exemplo encontrado para provar que é possivel um desenvolvimento atomico independente.

Em São Paulo

Em São Paulo, o governador Abreu Sodré manifestou-se favoravelmente às posições fixadas pelo presidente Costa e Silva. No pronunciaem Urubupungá, no dia 29, o sr. Abreu Sodré encontrou os motivos para dar o seu apoio: a utilização da energia nuclear para fins pacificos, a pesquisa, a industrialização e comercialização dos materiais considerados estrategicos do ponto de vista atomico, só pode ser definida como de exclusividade do governo federal, para a salvaguarda da soberania do país e em atendimento às necessidades do desenvolvimento.

Estudantes

Nos setores politicos mais atingidos pela Revolução, no entanto, persiste uma certa vacilação. Temem que o controle da pesquisa e a exploração do atomo possam fortalecer grandemente a posição dos militares, atualmente hegemonicos no processo politico. Parece-lhes, porem, que a opção será definida quando se colocar em xeque o «fazer com eles ou não fazer».

Os estudantes em geral, engolfados nas lutas travadas pela admissão dos excedentes, pelo reconhecimento de suas entidades, etc, não encontram tempo para o estudo serio do assunto. Mas é uma area que interessa ao governo como elemento necessario à agitação do problema junto ao povo — certamente será chamada no momento oportuno; e as «denuncias» e «manifestos contra a bomba» desaparecerão.

Na capital, apenas o Centro Academico XI de Agosto mostrou-se interessado pela materia, e convidou o embaixador Sergio Correia da Costa, secretario-geral do Itamaratí, para debater as posições tomadas pelo Brasil nas ultimas conferencias internacionais. E' certo, porem, que a maioria dos universitarios reluta bastante e só uma campanha de esclarecimento, feita pelo governo, poderá devolver-lhes a confiança.

continua

Politica nuclear

A necessidade e a preocupação

O prof. Mario Schenberg, catedratico de Mecanica Racional, Celeste e Superior da USP, cujos departamentos de Fisica Nuclear de Alta Energia e Fisica do Estado Solido estudam apenas teoricamente o problema nuclear, não participa das pesquisas que são realizadas na Cidade Universitaria. No entanto, considera «oportuna a energica atitude do presidente da Republica de desenvolver a energia atomica e recuperar o tempo perdido».

Segundo o prof. Schenberg, há anos que se cogita de instalar no país reatores de potencia, mas, até hoje, nada foi feito nesse sentido. A energia atomica, diz o professor, nas proximas decadas, será um dos principais fatores de desenvolvimento industrial de todos os paises do mundo. A maior parte da energia atualmente usada — acrescenta — é obtida de combustiveis fosseis, como o petroleo e o carvão. Com o crescimento da demanda desse tipo de carburantes, as reservas atuais estarão esgotadas dentro de alguns anos.

«No Brasil, a energia hidreletrica desempenha um papel muito importante e há, sem duvida, a possibilidade de ser explorada por muito tempo ainda». Mas isto não quer dizer que se deva colocar de lado a exploração e o aproveitamento da energia nuclear, que aparece como a principal fonte de recursos do futuro.

«A polemica internacional é pelo aproveitamento pacifico da energia atomica, através de explosivos: isto está sendo estudado em varios paises, para a realização de grandes obras de engenharia. Não é admissivel, pois, que um país como o Brasil, que no proximo seculo será uma das grandes potencias do mundo fique manietado quanto ao emprego pacifico dos explosivos atomicos. É necessario que se assegure o incremento da tecnologia nacional e não se abra mão do direito de produzir explosivos.

«A proliferação da produção de explosivos atomicos com muita razão, preocupa as duas superpotencias: URSS e EUA. Ambas têm suas razões para opor restrições a essa disseminação, pois o país que produz explosivos atomicos para fins pacificos tambem pode fazê-lo para fins militares», diz. A idéia de limitar a possibilidade de produção de explosivos, pelos paises que ainda não os têm, reservando para si a estocagem de armas e artefatos belicos desse tipo, é absolutamente inadimissivel.»

CIENTISTAS DE VOLTA

Desde 1961, o prof. Mario Schenberg trabalha pela volta, ao Brasil, de cientistas especializados em fisica, atraidos para outros paises, «por não terem condições de trabalho no Brasil ou falta de aparelhamento adequado a suas pesquisas».

Essa tentativa do catedratico da USP coincide com a posição já manifestada do ministro das Relações Exteriores, Magalhães Pinto, de fapesquisadores necessarios a levar o país à era atomica, sem mais demora».

Um caminho sem opções

"O Brasil tem todas as condições para realizar um programa de pleno desenvolvimento da energia nuclear", afirma o sr. Euzebio Rocha, autor do substitutivo que criou a Petrobrás.

Para ele, o Brasil precisa adotar um tecnologia propria, para evitar o perigo da construção de reatores alimentados por uranio enriquecido, o que "seria uma subordinação total a potencias estrangeiras". Neste sentido, deve orientar-se pela solução adotada pela França e pela Inglaterra, que usam uranio quimicamente puro.

O sr. Euzebio Rocha, considera o problema nuclear como de sobrevivencia nacional, ao qual se liga uma posição de decisão soberana e de influencia decisiva no futuro do país.

"Em materia de politica nuclear, não se pode falar em Oposição e Governo. A Nação deve reviver o exemplo da Petrobrás, cuja votação na Camara Federal foi unanime — assuntos desta natureza não comportam divisionismo partidario.

DOIS CAMINHOS

O ex-deputado vê apenas uma opção na fixação dos rumos da politica nacional de energia nuclear. Um caminho leva, "pela submissão tecnologica, à escravidão nacional" — posição indefensavel e inaceitavel, pelas Forças Armadas e pelo proprio governo, segundo suas afirmativas, até agora.

A outra, seria realizada com a mobilização de recursos financeiros, relativamente modestos, a adoção de uma tecnologia nacional, de acordo com o que vem sendo feito pelo Instituto de Energia Atomica. Isto abre para o Brasil as "melhores perspectivas de desenvolvimento, para estar ao lado, em breve tempo, das grandes potencias do mundo".

"O governo que assim agir ficará imortalizado na Historia e há de receber a solidariedade e a gratidão daqueles que, há tantos anos, lutam por um Brasil independente, com condições de traçar seu proprio objetivo, no destino dos povos".

"Acredito que nada pode impedir nossos projetos. Qualquer tentativa neste sentido será mal recebida e afastada por todos os defensores da soberania brasileira e do direito que tem o país de guiarse segundo sua vontade: a intensificação da pesquisa atomica não pode esperar por ninguem e deve ser colocada nos termos do "é para já".

define rumos de Costa e Silva

Uma entidade estatal, a solução

"Com a inclusão de algumas alterações no projeto inicial que cria a ATOMOBRÁS, principalmente em seu aspecto mais tecnico, será possivel ao governo contar com um organismo estatal para a exploração e pesquisa de minerais nucleares".

A informação é do prof. Marcelo Damy, chefe da Divisão de Fisica Nuclear do Instituto de Energia Atomica da USP, que considera "insuficiente o tipo de ajuda que nos é prometido pela Comissão de Energia Atomica dos Estados Unidos".

"Para se ter uma idéia, as verbas são irrisorias e dão somente para umas dez bolsas de estudo por ano". Não há qualquer programa de cooperação, no terreno da energia nuclear, entre laboratorios brasileiros e americanos. Em 11 anos, desde a existencia do acordo de cooperação, o Brasil recebeu dos Estados Unidos apenas dois ou três tecnicos, cuja estadia entre nós foi paga pelo governo brasileiro. Os outros quatro que vieram, na qualidade de membros da Agencia Internacional de Energia Atomica, eram funcionarios internacionais.

"A França, no entanto, disse, desde o acordo de maio de 1962, e mesmo antes de sua assinatura, presta colaboração total e enviou neste tempo, mais re 50 tecnicos e cientistas, muitos dos quais permaneceram varios anos no Brasil, pesquisando no campo da ciencia pura, da prospecção de minerios, projetos de reatores, economia e instalações atomo-eletricas, alem de ajudar na solução de problemas de eletronica e quimica.

Em 1953, o Comissariado de Energia Atomica da França ofereceu ao almirante Alvaro Alberto, então presidente do Conselho Nacional de Pesquisas, todos os projetos para a produção de uranio nuclearmente puro, de uranio metalico e permitiu a cientistas brasileiros a realização de estagios nas usinas francesas.

"Por este motivo, não vejo saida para o problema brasileiro de exploração nuclear, a não ser por intermedio de uma entidade estatal, que monopolize as reservas minerais e a exploração propriamente dita".

ATOMOBRÁS, um projeto laconico

O autor do projeto que cria a ATOMOBRÁS, em tramitação na Camara Federal, deputado Marcos Kertzmann, acredita que "em curto espaço de tempo, em relação ao atraso em que se encontrava o país, o Brasil estará em condições de detonar seu primeiro artefato nuclear".

A busca da cooperação tecnica é o que mais importa, segundo ele, neste momento. Convenios com os paises interessados deverão ser realizados, assim como tratados para ordenar o aproveitamento das grandes reservas minerais.

O deputado da ARENA paulista, não vê possibilidades de que seu projeto seja "encalhado", por representar "a posição do governo e interpretar as aspirações da iniciativa privada, da Universidade Brasileira, que está ansiosa por reiniciar seus estudos.

A Atomobrás deverá, segundo seu pensamento, harmonizar, integrar e desenvolver o uso pacifico da energia nuclear no país.

O PROJETO

O projeto, em nove artigos, apesar de englobar todos os aspectos da pesquisa e da exploração nuclear, tem, na opinião de alguns tecnicos, defeitos quanto ao aspecto cientifico da materia abordada, mas, em linhas gerais, dá ao governo o controle perfeito das "pesquisas, lavra, purificação, enriquecimento e aproveitamento de minerais atomicos para fins pacificos, especialmente de energia para todos os fins e para a aplicação na agricultura".

Seu artigo 2.o, estabelece as atribuições da ATOMOBRÁS, que vão desde a "instalação de reatores, aceleradores, usinas de purificação e usinas geradoras de energia nuclear", até a "distribuição da energia nuclear em todo o territorio nacional" e a "celebração de convenios e acordos com empresas estrangeiras congeneres, para a formação e o aperfeiçoamento de tecnicos e especialistas".

O controle, feito de comum acordo com o Conselho de Segurança Nacional, será exercido, tambem, nos programas de pesquisa nuclear em Universidades e outros orgãos de pesquisas.

Para subsistir, a ATOMOBRÁS deverá, alem das subvenções e auxilios admitidos em lei, receber dotações especificas incluidas no Orçamento da União, os recursos previstos em acordos internacionais, as rendas eventuais do patrimonio, os serviços e as contribuições, donativos e legados de entidades publicas e privadas.

A politica nuclear do governo mudou até a doutrina da "Sorbonne", mas ainda subsistem
As vozes dissidentes

JIRGES RISTUM

A posição doutrinaria e dogmatica da Escola Superior de Guerra — "Sorbonne" — em reação à politica nuclear defendida pelo presidente Costa e Silva, não era, como se pensava, o ultimo reduto a ser conquistado, na luta em que se lançou, desde os primeiros dias do governo.

Outros setores da vida nacional, depois da mudança operada na orientação da "Sorbonne" continuam ainda sem posição definida e quase todos vacilam, por motivos diferentes, a dar ao presidente da Republica o apoio que ele pede.

De um lado estão quase todas as correntes politicas e militares do país defendendo a posição do governo — fala-se até em aprovação unânime, pela Camara dos Deputados, de um decreto que cria o monopolio estatal da exploração do atomo — e de outro continuam certas forças que, mantendo alguma expectativa, ainda querem, antes de uma analise mais profunda, definir sua posição.

Se o governo federal conseguiu reunir em torno de si grande numero de politicos e militares, se sensibilizou os cientistas e tecnicos e conseguiu ser o elemento catalizador de todos, é certo que, pelo menos, uma parte do povo, dos estudantes e das areas geralmente identificadas como da "esquerda", não foram motivadas pela orientação — considerada nacionalista — que se quer introduzir na pesquisa e exploração nucleares.

A essas forças, soma-se a posição do professor Roberto Campos, ministro do governo Castelo Branco, que, em varias oportunidades manifestou, embora não sem uma certa ironia, seu descontentamento com a politica de Costa e Silva.

A analise dos componentes dos grupos principais que ainda não se definiram, permite saber quais seus pontos vulneraveis, e como o governo federal deverá agir para ganhar-lhes a confiança.

O Clero

A grande preocupação da Igreja — ou pelo menos de uma parte dela — neste momento, mantida através de pronunciamentos constante de algumas autoridades eclesiasticas e das enciclicas papais, é combater a miseria. Desde o Papa João XXIII, esta tendencia vem se acentuando para, hoje em dia, ocupar a maior atenção do Clero, em todo o mundo. E' natural, portanto, que qualquer tentativa de aumentar o esforço de guerra no Vietnã, de disseminação de armamentos nucleares ou da doação de pequenas quantias, em dinheiro, para a ajuda aos paises subdesenvolvidos, coloque a igreja numa posição de certa reserva, de cuidados maiores.

O Clero é, em principio, e obviamente, radicalmente contrario à fabricação de armamentos atomicos. A corrida armamentista, desenvolvida pelas grandes potencias, no seu entender, não pode ser orientada por um desejo efetivo de conseguir-se a paz, mas por integrantes de alguns grupos economicos ou dos proprios governos, utilizando-se do dinheiro publico para seu proveito.

O Brasil cometeria, se quisesse colaborar com a paz fabricando armas nucleares, "um grave crime contra a humanidade", pois sabemos que no pais, grandes areas de terra não foram exploradas e que a população de algumas regiões vive num estado de miseria permanente.

No entanto, não faz objeções a que o pais invista suas reservas na pesquisa nuclear para fins pacificos. Adverte, porem, que não se pode falar em "armas para fins pacificos", o que fatalmente conduziria o Brasil a uma transformação total, colocando-o ao lado das outras potencias militarmente fortes, atomicamente armado.

O que importa para o Clero é a maneira pela qual será aplicado o dinheiro na pesquisa nuclear: um criterio de prioridades e urgências deve ser obedecido, com uma planificação global, que partindo da educação, fosse até a economia nacional. E' necessario colocar o Brasil na perspectiva do desenvolvimento, para que o dinheiro aplicado em pesquisas não seja fator de desiquilibrio maior do que o existente, para o conjunto da economia.

O pensamento da Igreja está exposto em seus documentos conciliares. Dizem que "enquanto se gastam enormes somas na confecção de armas sempre novas, não se pode dar remédio suficiente a tantas miserias que hoje grassam no mundo inteiro", segundo o cap. XI da enciclica "Gaudium et Spes". Para a Igreja, a pesquisa nuclear deveria estar a serviço da "eliminação da fome", da doença e da miséria no pais".

Os estudantes

Desde abril de 1964, os estudantes, cada vez mais, procuram a solução para os problemas do país a partir de posições bastante radicais. No primeiro governo revolucionario, toda uma legislação especifica afastou-lhes a possibilidade de dialogo com as autoridades, mantendo-os à distancia, olhados com temor e reprimidos com rigor.

Este clima, razoavelmente atenuado após a posse do presidente Costa e Silva, volta agora, quando os estudantes pretendem realizar um congresso de uma de suas entidades, e que o governo considera ilegal. E eles, por isso, não acreditam em uma possivel aproximação do governo federal.

A politica adotada pelo governo federal para resolver o problema dos excedentes não foi satisfatoria, e a repressão policial é prometida a cada vez em que se pretende levar às ruas as reivindicações universitarias.

Se no inicio de sua gestão, o ministro Tarso Dutra procurou estabelecer certa margem de contatos com os estudantes para o atendimento de seus reclamos mais urgentes, a discussão do "acordo MEC-USAID", mais tarde, colocou-os em trincheiras opostas. Hoje, a repressão anunciada à realização do 29.o Congresso da UNE, pelo ministro da Justiça, e a não solução de varios problemas imediatos, conduzem os estudantes à organização clandestina, à marginalização, à procura de soluções não concordantes com o programa do governo.

Ai estão as razões pelas quais são levados os estudantes a encarar o presidente da Republica como "ditador" e como "demagogicas" as atitudes tomadas pelos ministros do Trabalho e da Educação.

Mas, como os estudantes são uma area em que o governo tem o maior interesse, e como eles podem ser usados como elemento de agitação junto ao povo, é que serão chamados a analisar com mais cuidado as posições politicas do presidente da Republica, pelo menos quanto à exploração nuclear. Esta posição, considerada como nacionalista por cientistas e professores universitarios que gozam de prestigio na area estudantil, poderá ser, a seu tempo, o grande motivo da união dos estudantes.

Como uma luta aberta contra o governo federal pode prejudicá-los, afastando-os ainda mais dos centros das resoluções politicas, e como o governo se interessa por sua colaboração, é facil prever-se uma retomada dos contatos para, a curto prazo, através de esclarecimentos mutuos, chegar-se a uma posição comum.

As chamadas esquerdas

As forças de "esquerda" que ocuparam posições de relativa importancia no governo João Goulart, continuam, até hoje, três anos após seu afastamento da vida politica da nação, sem condições de rearticular-se e reorganizar-se.

Alguns elementos, geralmente identificados como pertencentes aos setores mais organizados da esquerda, não escondem sua preocupação diante do fato de perdurar certa confusão em seus remanescentes, relativa às posições que devam ser adotadas em face da "investida nacionalista" que o governo federal imprime à sua politica nuclear.

Não se ignora, entretanto, que alguns setores dessas forças têm posições francamente favoraveis às do presidente Costa e Silva, justificando-as como "nacionalistas e patrioticas" e como "caminho certo para o desenvolvimento". Outros setores — os mais radicais opositores do governo — não acreditam que o presidente mereça um voto de confiança, por "não ter assumido, até agora, nenhuma atitude redemocratizante, sempre prometida", e são contrarios a todas as manifestações do Poder Executivo.

Assim, afastam-se da possibilidade de estudar o programa do governo relativo à pesquisa e exploração nucleares e defendem, em ultima analise, como os estudantes, os tratados das grandes potencias, contrarios à disseminação nuclear, que impedem, em certa medida, a pesquisa para o uso pacifico do atomo.

Esta posição é a mesma externada pelas informações de algumas facções das esquerdas uruguaias e paraguaias, que vêem, na pretensão do Brasil, o coroamento da politica norte-americana sobre exploração nuclear colocando-o como a "ponta de lança atomica do imperialismo na America do Sul".

No entanto, estas forças de esquerda estão há tempos engalfinhadas em lutas internas, e só terão condições de definir posições favoraveis ou contrarias ao governo, mesmo nos aspectos da politica mais geral, depois de uma discussão mais ampla de seus lideres — se é que ela um dia será factivel.

O sr. Roberto Campos

O prof. Roberto Campos, ministro do Planejamento no governo Castelo Branco, e considerado como o principal articulador de sua politica, manifestou-se varias vezes contrario às determinações do marechal Costa e Silva e ultimamente, a proposito das declarações do presidente sobre a necessidade de intensificar-se o programa para o desenvolvimento nuclear do país, mostrou-se ironicamente cetico com relação à politica que orienta, neste governo, o Ministerio das Relações Exteriores por não ter assinado o Tratado de Não-Proliferação Nuclear.

Acredita o professor Roberto Campos que disseminação nuclear trará, como consequencia, ao Brasil, a infestação de sua atmosfera e o surgimento de rivalidades entre os paises não-nucleares da America Latina.

Alem disso, no seu entender, o desenvolvimento do país seria comprometido, pois a pesquisa nuclear esvaziaria toda a economia do país, permitindo a saida "ilesa do subdesenvolvimento..."

O BRASIL E A

Jirges Ristum

Para certos setores politicos, civis na maioria, o presidente Costa e Silva, ao tentar imprimir uma orientação autonoma ao problema da pesquisa e da exploração nucleares, a partir da criação de uma tecnologia nacional, está provocando o nascimento de um "nacionalismo militarista"; e que isto acrescentaria mais forças à já fortalecida posição dos militares, há três anos hegemonicos no poder.

No entanto, do ponto de vista da segurança nacional, o marechal Costa e Silva conseguiu harmonizar todas as forças do setor militar, mesmo aquelas que, por sua ligação anterior ao ex-presidente Castelo Branco, vacilavam à medida em que eram convocados para assumir posição diante do programa do governo federal.

Contava o presidente Costa e Silva, mesmo antes de sua posse, com o apoio efetivo dos ativistas da "linha dura", hoje predominantes na area militar. Mas os oficiais que pertenciam à Escola Superior de Guerra — "Sorbonne" — insistiam na tese segundo a qual um conflito armado, de grandes proporções, entre as duas superpotencias era inevitavel.

Esta doutrina, ou seja, a doutrina da "guerra fria", segundo alguns militares, aproxima-se gradualmente da superação, para ser substituida por uma tese mais geral, segundo a qual o que determina a divisão do mundo é o desenvolvimento economico dos paises.

Mesma posição

Desde o inicio da luta politica pelo monopolio estatal da exploração nuclear e das denuncias feitas por militares sobre o contrabando de minerios considerados estrategicos, o Exercito, na sua quase totalidade, vem mantendo-as mesmas posições. Até os mais radicais opositores do governo reconhecem a existencia de uma certa linha de coerencia, observada ao longo dos anos, e que poderá, agora, "abonar as decisões de Costa e Silva, neste assunto".

Com a Petrobrás, o encaminhamento da luta nos quartéis não foi diferente — após a demonstração de que se tratava de uma questão da qual dependia a segurança nacional e a propria soberania do país, os defensores da posição contraria perderam seus argumentos.

O monopolio estatal do petroleo foi aprovado no Congresso, teve o decidido — e decisivo — apoio das Forças Armadas e conseguiu sensibilizar o povo, através de campanhas de esclarecimento patrocinadas pelo governo e por partidos de massa. Todas as forças politicas, passada a fase dos debates, aglutinaram-se em torno da ideia do monopolio estatal, finalmente triunfante.

O governo Costa e Silva pretende repetir com o atomo o que se fez com o petroleo. E até agora não há sinais visiveis de que ele não consiga ir às ultimas consequencias.

A morte do ex-presidente Castelo Branco, ao lado da natural comoção que provocou, de uma certa forma, liberou as forças mais ligadas ao segundo governo revolucionario, que temiam um possivel cerco, feito na base de «oposição revolucionaria», que dificultaria, na area parlamentar, a defesa da «investida atomica» do marechal Costa e Silva. A perda de um lider politico da importancia do marechal Castelo Branco e a ausencia aparente de quem possa substitui-lo, poderá facilitar o transito do programa governamental relativo ao atomo.

Todos os compromissos assumidos durante o governo Castelo Branco serão inevitavelmente revistos, pelo menos no que se refere à colaboração de outros paises na pesquisa atomica brasileira.

Assim, com o apoio de toda a classe militar e com a visivel simpatia da area politica, resta ainda ao presidente da

FOME DE URANIO

Republica uma tarefa: galvanizar a atenção popular, que continua à espera do cumprimento das promessas do governo e da tomada de posições decididas do Poder Executivo.

O Estado Maior

O Estado-Maior das Forças Armadas, que em pronunciamentos oficiais sempre se manifestou contrario à exportação de minerios atomicos — por considerá-la «lesiva à soberania nacional» — (principalmente depois da tentativa de troca do excedente de trigo norte-americano por areia monazitica e outros materiais necessarios à pesquisa nuclear) acredita que, neste momento, não existem condições para o uso de energia atomica para fins pacificos no Brasil — o problema que advirá com a radiatividade das cinzas atomicas impede, por enquanto, a exploração em grande escala.

Mas sabe, tambem, que até o fim deste seculo, a demanda de materia-prima, para a pesquisa nuclear e para a fabricação de armamentos por parte dos Estados Unidos e União Sovietica crescerá sensivelmente. E' que a essa epoca, esses paises não terão mais as reservas minimas necessarias de minerais e minerios atomicos, alem de já terem esgotado suas reservas de petroleo, ferro, mica etc.

Precisarão então, recorrer ao mercado internacional para obter a materia-prima necessaria à alimentação de suas pesquisas; nessa altura, o Brasil — conservado até agora na romantica porem secundaria posição de «celeiro de materiais atomicos» — deverá estar com suas pesquisas em fase adiantada, a menos que queira ver-se «submetido à condição de pais fornecedor de materia-prima», resignando-se ao papel, considerado improvavel pelos militares, de «colonia nuclear».

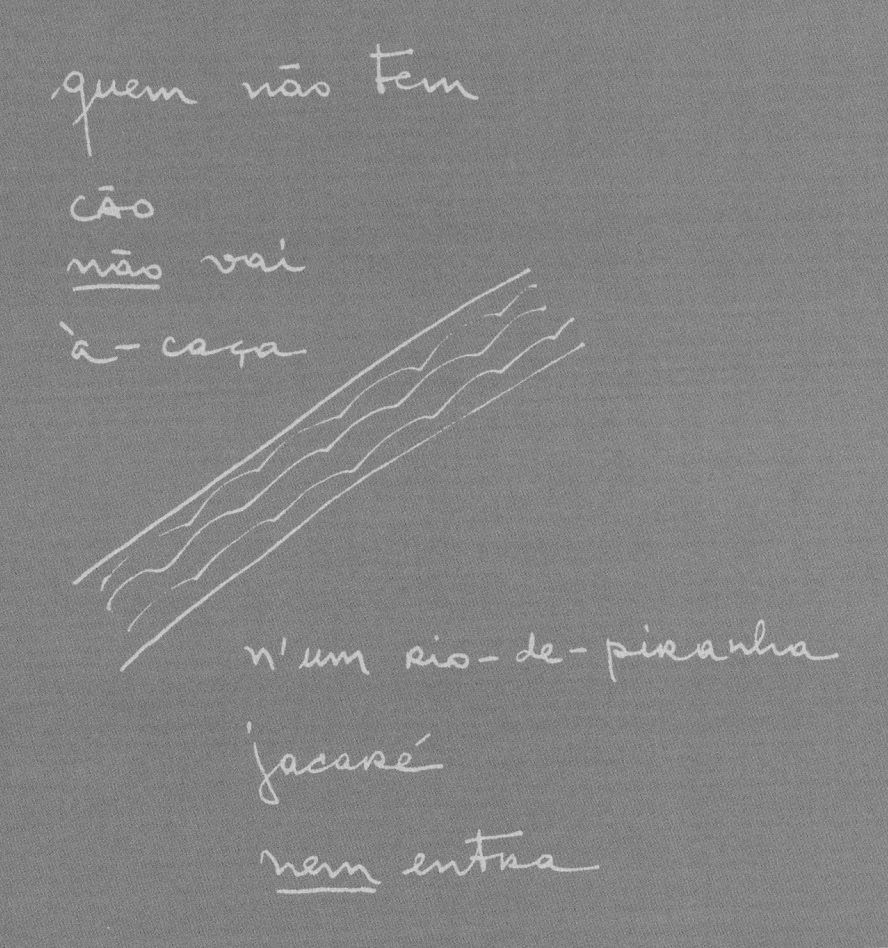

quem não tem

cão

não vai

`à-caça

n'um rio-de-piranha

jacaré

nem entra

FOLHA DE S.PAULO

30 de julho de 1967

Um problema de energia...

Jirges Ristum

Os repetidos pronunciamentos do ministro Costa Cavalcanti, das Minas e Energia, criticando o que qualifica de "clima demagogico em torno da politica nuclear", não passaram sem certa reprovação em setores politicos e militares.

Argumentos favoraveis a que o Brasil procure, por seus proprios meios e esforços, uma tecnologia autenticamente nacional para a exploração do atomo, acumularam-se de tal forma que é quase impossivel, hoje, encontrar quem defenda posições frontalmente diferentes. Até mesmo o sr. Roberto Campos, que em varias oportunidades criticou, sempre com incontida ironia, a conduta do governo do marechal Costa e Silva, parece ter abandonado essa linha e passado para uma posição, de todo mais correta e que por força lhe cabe, mantendo-se afastado, reservado em sua condição de ex-ocupante de cargos decisivos.

Desde que a Escola Superior de Guerra — "Sorbonne" — modificou a estrutura de sua doutrina e manifestou um amplo apoio à politica externa do governo federal, mesmo em seus aspectos mais agressivos, que é como encara a politica nuclear de Costa e Silva, os militares passaram a encarar com reservas as declarações de Costa Cavalcanti.

Isto porque, em sua argumentação, alegam que o problema nuclear está equacionado dentro de alguns itens e que, em nenhum deles, o Ministerio de Minas e Energia entra, quanto ao merito, como fator decisivo.

Afirmam os militares, de inicio, que, do ponto de vista tecnico, os especialistas já se manifestaram sobre o assunto, refutando os argumentos de rosta Cavalcanti. Segundo esses tecnicos e peritos, a energia hidreletrica já é competitiva com a energia termica, se produzida por reatores de grande potencia: quanto mais alta a potencia do reator, mais economica se torna a energia eletrica a partir da atomica. E' que o periodo de montagem de um reator de potencia, a partir da aplicação de uma tecnologia nacional, não ultrapassa os seis anos, tempo em que seriam retomados os trabalhos de prospeção das jazidas de uranio, que estavam suspensos desde os primeiros dias do governo do marechal Castelo Branco.

Até lá, o pais poderia importar minerios brutos de uranio, resguardando, porem, o direito de inspecionar as instalações do material e aplicar processos brasileiros.

Na area politica, as posições estão praticamente definidas. O presidente da Republica chamou a si a responsabilidade de levar às ultimas consequencias o desejo de "o pais possuir uma tecnologia propria e criar condições para a fabricação de explosivos atomicos para fins pacificos". A aprovação de um projeto que preconiza a criação de um orgão estatal para a exploração e pesquisa nucleares, pelo Congresso, deverá ocorrer, em segunda discussão, tão logo termine o recesso parlamentar.

O "projeto ATOMOBRÁS", que é de autoria de um deputado da ARENA foi inspirado nas proprias declarações do marechal Costa e Silva, em seu discurso de posse.

O Itamarati

De outro lado, o Itamarati tem reafirmado, através do chanceler Magalhães Pinto, sua posição definitiva quanto ao problema, considerado como a mais importante opção a ser feita por esse Governo. A entrada do Brasil no pequeno grupo de paises em condições de utilizar o atomo, não só é imprescindivel fator para o desenvolvimento, como é vista como uma questão de honra, que deve ser defendida a qualquer preço. E não poucas vezes o ministro Magalhães Pinto demonstrou insatisfação em face da "tarefa impatriotica de alguns brasileiros que, tentando ridicularizar a posição do pais em relação ao atomo, enfraquecemno no Exterior".

Alem disso, o Itamarati procura, neste momento, estabelecer contatos com os governos dos outros paises da America Latina, tentando formar uma jututra" comunidade latino-americana do atomo" Dois embaixadores itinerantes cuidam desse trabalho e estão incumbidos de convencer aqueles governos para que aceitem a tese da comunidade economica latino-americana, defendida pelos Estados Unidos, somente após terem sido concluidos tratados relativos à exploração nuclear. Como existe um clima de franca aceitação da politica externa brasileira — a doutrina chamada "Diplomacia da Prosperidade" — não está afastada a hipotese de que os resultados obtidos sejam satisfatorios.

Do ponto de vista da segurança nacional, o problema atomico do pais, segundo os militares, está ligado ao Conselho de Segurança Nacional que tem a autoridade necessaria para indicar e introduzir os nomes dos futuros ocupantes dos cargos que sesão criados a partir da existencia de um orgão estatal, encarregado de cuidar da exploração e da pesquisa nucleares.

Não há duvida, no entanto, que o Ministerio de Minas e Energia deverá desempenhar um papel importante desde o inicio dos trabalhos, porque é ele quem coordena a politica energetica do pais, amparado pela capacidade e pela responsabilidade juridicas. A posição do ministro Costa Cavalcanti constitui, contudo, para alguns, motivo de temor de que esse importante Ministerio se afaste do centro das decisões.

Jirges, o memorável Turco

Pedro D'Alessio

Va, pensiero, sull'ali dorate

Giuseppe Verdi, na ópera *Nabuco*

"Voa, pensamento, com suas asas douradas." E assim fizemos... Não só com o pensamento, mas com nossas próprias vidas. As asas refletindo o brilho solar, planando nas curvas da vida terrena. O guerreiro Jirges Ristum desembarcou cedo de sua viagem, precipitando-se antes de todos e deixando marcas memoráveis. Lembranças tão fortes que parece que foi ontem. Entretanto, já lá se vão 25 anos. Na verdade, o tempo não é nada, pois a vida é sempre curta, para zombar da história. Deveríamos contar nosso tempo de vida, não pelo número de vezes que respiramos, mas sim por quantas vezes perdemos o fôlego. E nunca por pressa ou correria, mas por querer amar e se apaixonar, pelos devaneios românticos ou pelo prazer especial da realização de um trabalho criativo. A paixão pela arte! Assim viveu o Jirges, um mestre na arte de perder o fôlego... de emoção.

Conhecemo-nos na primavera de 1966, na redação da *Folha de S.Paulo*, nos áureos tempos, sob a batuta brilhante do jornalista Claudio Abramo, um chefe de redação que também voava, embora com maturidade e sóbria aparência. Quem nos apresentou foi outro amigo comum, o jornalista Roberto Müller Filho, meu valoroso colega na seção de economia do jornal e conterrâneo do Jirges, de Ribeirão Preto. Éramos todos ativos militantes políticos contra a ditadura militar, unidos na mesma luta em organizações diferentes, eles no Partido Comunista Brasileiro (PCB) e eu na Ação Popular (AP).

E foi amizade à primeira vista... para sempre. Jamais poderíamos imaginar que teríamos apenas vinte anos pela frente, naquele tão frutífero convívio de irmãos. Mas esse pouco foi bastante. Juntos, aprendemos muito e pudemos contar com as experiências de alguns outros esmerados voadores – como Aloysio Nunes Ferreira Filho, Edgard de Castro, Guilherme Cunha, Itobi Alves Correa, André Gouveia, Ivan Negro Isola e, especialmente, o Fernando Marinho Falcão. Com este último – que também já partiu – convivemos intensamente e formamos – ele, eu e o Jirges – um "trio de ferro" da imaginação voadora.

Em fins de 1967, recém-casado com a maravilhosa italianinha Tezzy Jemma, também de Ribeirão Preto, Jirges resolveu escapulir primeiro. O clima político por aqui já estava pesado. O casal foi antes para Varsóvia, na Polônia, para depois aterrissar em Roma. Aqui em São Paulo, logo em seguida, no agitado ano de 1968, ocorreu aquela famosa guerra entre os estudantes e provocadores da direita, na rua Maria Antonia, onde conheci o Falcão. Ao final, o AI-5 encerrou e enterrou o ano de 1968, junto com o "estouro" do congresso da UNE em Ibiúna e as esperanças de todos nós.

Já no fim de 1969 – depois de sofrer duas semanas de duro interrogatório no DOI-CODI, a famigerada Operação Bandeirantes (OBAN) – eu e minha então esposa, Maria Regina (que por sorte já havia viajado pouco antes), desembarcamos em Paris, precedidos pelo Aloysio Nunes, Guilherme Cunha, Fernando Pereira, Vicente Trevas, Dalmo Nogueira, José Carlos Tartaglia e o Fernando Falcão, só para citar alguns. Éramos 15 mil brasileiros foragidos e estudando em Paris. Reencontramo-nos todos por ali, eu trabalhando como correspondente da Gazeta Mercantil, o Aloysio como professor no Institut International de Recherche e de Formation en vue du Développment Harmonisé (IRFED), um instituto de pesquisas sociais que abrigou muitos de nós. E o Jirges, na Rádio Televisão Italiana (RAI).

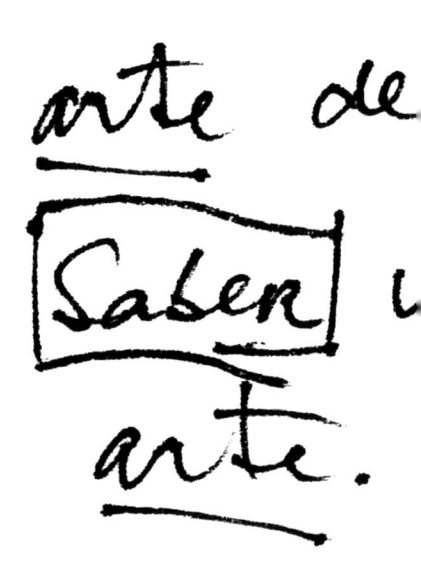

No verão europeu de 1970, vivemos em Roma a grande festa da juventude idealista brasileira, politizada e exilada, transformando em feliz encantamento a própria tristeza do exílio, a ausência de companheiros e familiares, as saudades do Brasil. Em Roma, nossa base de encontros e reuniões, é claro, era a casa do Jirges e da Tezzy. Já lá se encontravam o nosso *bambino d'oro* Ivan Negro Isola, a Maria Lucia Dahl, o Marcos Medeiros e o sempre polêmico cineasta Glauber Rocha. Inesquecível aquela noite de festa no apartamento da Maria Lucia, perto da Piazza Navona... Quando subíamos as escadarias do prédio, eu e o Jirges cruzamos com o Glauber, que descia apressado e nos aconselhava: – Vocês não deviam subir! Vamos embora porque política com droga dá crime!

Imprudência e insensatez.

Em março de 1971 nascia, em Paris, o meu filho Fabio e, no final do ano, em Londres, nascia o filho do Jirges, André. No balanço entre estas capitais, passamos juntos muitos finais de semana. Poucos meses antes, lembro-me bem – e com muita graça – de um telefonema do Jirges, ainda morando em Roma e batalhando para conseguir uma colocação como jornalista na BBC de Londres. Contrariado, ele reclamava: – Não aguento mais isso aqui, eu quero ir pra Europa!

Naqueles tempos, em determinado momento, pensando no futuro incerto dos nossos filhos, compreendi subitamente o destino de imprudência e insensatez a que estávamos condenados. E fiz um pequeno poema que dediquei ao Jirges:

Nascer é uma imprudência, a vida pertence, portanto, aos imprudentes. Ser imprudente é assumir o risco, o frio e a Mudança. A morte não é mais do que a vida estancada, cristalizada, num gesto prudente.

No final de 1979, reencontramo-nos os três – o "trio de ferro" – em São Paulo (eu já havia retornado em 1973, quando perdi meu irmão Rafael, no avião da Varig que caiu e se incendiou perto de Paris). Aqueles anos, no início da década de 1980, foram muito criativos, todos querendo se afirmar no campo da cultura e da produção artística. O Falcão fazendo música como um refinado compositor e exímio percussionista. O Jirges criando seus argumentos e roteiros para o cinema. E eu escrevendo, dirigindo e produzindo apresentações teatrais no TBC, no Ruth Escobar, no teatro do edifício histórico da praça da República, que passara a abrigar a Secretaria Estadual da Educação.

Na verdade, eu me esforçava para complementar, nos aspectos práticos, os processos criativos desses grandes amigos, que realmente não tinham habilidades para a produção. Assim, entre outras iniciativas, através da minha agência Poitou (nascida na *rue du Poitou*, em Paris), produzimos o disco Memória das Águas e vários espetáculos do Fernando Falcão. Do mesmo modo, eu datilografava, ajudava a escrever e encaminhava para publicação o que, na época, chamamos de cine-contos, os belos argumentos cinematográficos criados pelo Jirges e que conseguimos fazer publicar no Folhetim – o Caderno de Cultura da Folha de São Paulo. Juntamente com os editores Massao Ohno e Maria Lydia Pires e Albuquerque, a Poitou também ajudou a publicar o curioso e excelente livro *Guardanapos*, reunindo textos e haicais selecionados entre uma série enorme de originais – todos de autoria do Jirges, criados e escritos pelos bares da vida.

Durante algum tempo, moramos, os três, na minha chácara em Santo Amaro. Ali, muitas vezes, fui obrigado a disciplinar a ambos, para apartá-los, sempre com muita energia e mordacidade, em suas constantes disputas madrugada afora. A diferença é que, no dia seguinte, eu me levantava cedo para trabalhar e os dois ficavam lá, se perdoando mutuamente e criando novas estórias pra contar...

Após o longo período de militância política que tínhamos vivido intensamente, todos entramos – era inevitável – em rigorosa revisão crítica da visão marxista-leninista do mundo. Dos debates realizados especialmente com o Jirges, no pequeno escritório que eu dispunha na avenida Paulista, surgiu a nossa hilariante opção, no dizer irônico do Turco: *pós-marxista, pós-freudiana, antiplatônica e antiaristotélica...* Para encher de sarcasmo aquele penoso processo de autocrítica. Não era fácil rever os sonhos da juventude, para destruí-los com o olhar da maturidade. E manter a busca incessante pela criação de novas e necessárias ilusões, sem as quais não conseguiríamos sobreviver...

Na fase já mais perto do final, desses vinte anos de valiosa convivência, pontearam outros viajantes especiais, como Herbert Carranca, Amado Maita, Lulu Librandi, Barros Freire, Paulo Macedônia e, especialmente, a Dorene Pearl Tenzer. Esta última, uma bela amiga fotógrafa que apresentei ao Jirges, lhe proporcionou o mais lindo, doce e conturbado dos seus romances, no qual ele deixou-se lançar, em louca viagem, para não mais voltar... Com aquele meigo nome de índia – "Pérola Dourada" – a Dorene representou muito para o Jirges, encantando-o completamente.

Este é um pequeno resumo cronológico, sobre algumas passagens da vida de um artista e criador contundente, que nos enche de saudades e boas lembranças. Com uma visão bem-humorada da vida, ele nos transmitiu uma forte imagem humana, vivendo paixões e romances homéricos. Jirges Ristum voou alto. E com suas asas douradas, brilhou para iluminar nossas vidas.

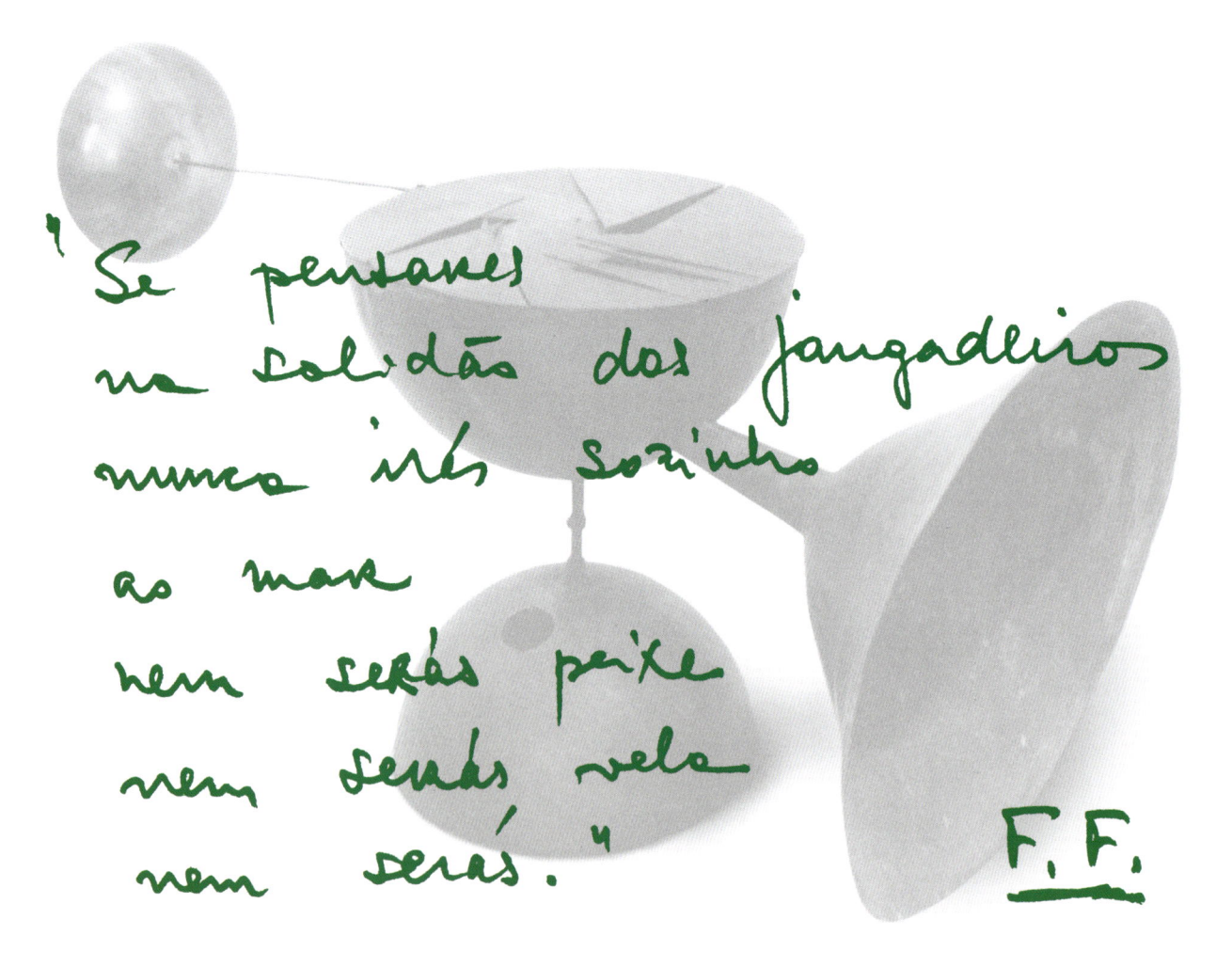

"Se pensares
na solidão dos jangadeiros
nunca irás sozinho
ao mar
nem serás peixe
nem serás vela
nem serás."

F. F.

Uma vida vivida intensamente

Tezzy Jemma

Nos conhecíamos bem desde a adolescência, antes mesmo de ficarmos noivos. O amor entre nós se dava através da admiração que tínhamos um pelo outro e por compartilharmos do mesmo objetivo nas lutas políticas, da mesma visão do mundo e da vida.

Já tínhamos tido algumas lutas juntos e, quando nos casamos, a mesma sede de conhecermos o "velho mundo" e de aprender o máximo nos uniu ainda mais.

Ele advogado e jornalista, começava a aprofundar os estudos de sociologia e política. Eu, diplomada em jornalismo, mas atriz e bailarina de profissão.

Quando noivos ele apoiava minha carreira de atriz e bailarina ao mesmo tempo. Depois de casados, por um desmedido ciúme, ele me proibiu de exercer a profissão. Poderia só treinar, mas nunca me apresentar, o que era muito frustrante. Continuei assim para não perder a forma, mas logo que mudamos para Londres prestei um concurso e ganhei uma bolsa de quatro anos. Aí não tinha como vetar tal oportunidade.

Se fosse um-só/s seria Je e não eus, JIRGE.

Quando ele ia ao cinema com muitos amigos, me deixava em casa, pois dizia que uma mulher não podia ficar no meio de tantos homens, pois pareceria uma prostituta! Assim eu ficava em casa chorando e olhando pelas frestas da janela, vendo-o sair com os amigos para o passeio. Jirges me levava com ele em quase todas as conferências e reuniões de estudo. Assim eu me desenvolvi nessas matérias e graças a ele aproveito deste benefício até hoje.

Ele me abriu os olhos para uma nova visão de mundo, onde se quisermos, podemos ser protagonistas da "história", mudando conceitos sociológicos e antropológicos, entrelaçados entre eles, que influenciarão mudanças políticas que poderão tornar a sociedade melhor e mais justa.

Lúcido, inteligente, desmistificador e iluminado, com o coração cheio de bondade, sarcástico e agudo, às vezes terrível, não poupava ninguém, nem a si próprio.

Amava muito seus amigos e com eles mantinha contato todos os dias, através de muitos telefonemas, mantendo viva a amizade e todas suas relações afetivas.

Pra ele a vida tinha que ser vivida intensamente, e assim foi.

Algumas vezes, mesmo correndo o risco de ser antipático ou de ferir alguém, não deixava de ser sincero, mesmo provocando "desastres".

Irradiava sentimentos de todo tipo e, em cada lugar que ele fosse, criava em volta de si algum tipo de movimento e, como um meteorito que não podia conter-se aqui ele quis ir embora.

Tinha dentro de si a alegria e a angústia pela vida e neste breve terremoto que foi sua "vida vivida com sinceridade", nos deixou. Todos ficamos boquiabertos.

Lembro-me tanto de nossas conversa políticas e das nossas viagens para conhecer lugares novos e significativos.

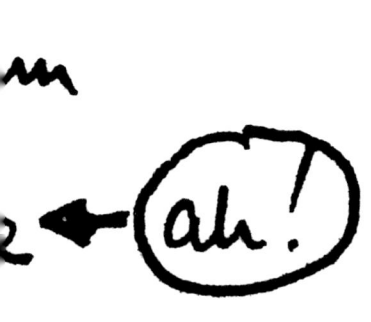

Uma recordação inesquecível foi o nascimento de nosso filho André Tarik em Londres, cujo nome, Tarik, significa "Estrela luminosa que nasce no Oriente", um grande presente pra nós, por quem ele teve grande amor e admiração.

Fiquei imensamente feliz de ter estado ao seu lado em seus últimos dias de vida, quando, cheio de orgulho, no Memorial Hospital de Nova Iorque, ele me apresentava a todos dizendo: – Esta é minha primeira ex-esposa! Com ela tenho onze anos de feliz separação!

Você me faz muita falta e com certeza a todos nós.

Valeu a pena o dom que fomos um para o outro durante aqueles valorosos anos de ouro passado juntos, com amor, saudade.

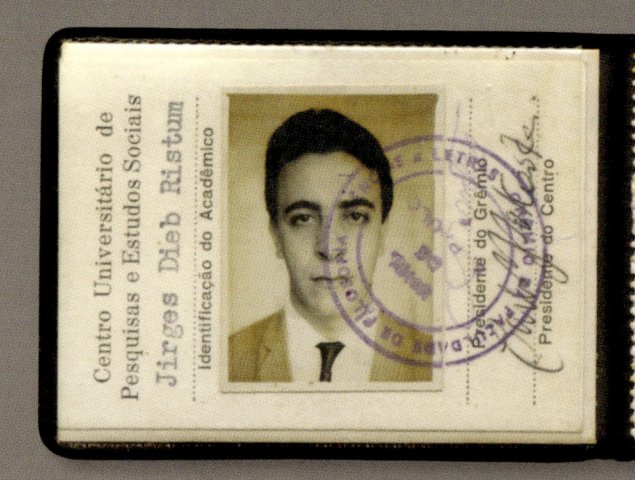

JIRGES DIEB RISTUM

FOTO

DEPARTAMENTO DE ORDEM POLÍTICA E SOCIAL - C.P.I.		
B.I.	/	/ 19
50 2	950	559

JIRGES DIEB RISTUM, advogado, nasc
Jorges Adib Ristum e Naima Esper R
paz de Aquino, MG, em 15/6/64 sindi

WANDERLEY CAIXE, filho de Ferait C
ro, nascido em Ribeirão Prêto, ao
em 6/10/1944. Residencia: Rua Duqu
pendendo a processo, por ser diret
tes foram encaminhados ao DOPS.

en 16/3/1942, filho de Adib Yussi

n, brasileiro, nascido em São Te-

por atividades subversivas;

e Rina Martinelli Caixe, brasilei

ice de direito, contador, nascido

Caxias, 444 apto. 19, está res-

le redação de "O Berro", cujos au-

Pokolenja Bananowa

André querido, atendo ao seu apelo, mediante pequeno texto, que sairá meio claudicante. Ando em meio a rodas-vivas múltiplas, com meu trânsito interrompido para Pionguiangue, para onde fui designado embaixador. Trocaram-me de culturas, num salto das semíticas às neoconfucianas, ainda bem, pois são as com que mais me identifico, em termos de extrair-lhes interesses para o nosso Brasil, tão alheio ao mundo além-fronteiras.

O texto que proponho será de mero testemunho sobre seu pai, em nossos encontros romanos, a partir dos de Via della Lungara; precedentemente, um único e institucional, de meu Posto varsoviano (1967-71), por sinal, muito cinematográfico também, como fora Roma (1964-67). Se dispusesse de mais tempo, nesta Pequim onde me encontro há 21 dias, aprimoraria mais a descrição de minha visão sobre o nosso Turco, que em boa hora será possível divulgar na Terra em Transe em que fomos paridos.

No cinema, nas artes em geral, é comum que vultos decisivos surjam como se "por acaso", como aparições, de repente, inesperadamente. Em boa parte, os melhores diretores das artes do espetáculo estão preparados para isso. Assim transmitem às equipes como devem ser montados esses "acasos", não necessariamente fortuitos. Há sempre uma explicação oculta para os que se imbuem de espírito criativo. Aos montadores, por exemplo, mais que uma técnica, Eisenstein ensinou que os cuidados com a forma nunca devem ultrapassar os limites do sentido da obra. Pois foi assim que, encontrando-me em Varsóvia por apenas alguns dias dos mais de quatro anos que me tocariam lá morar (1967-71), Jerzy Skolimowski apareceu-me em casa, numa frígida manhã de sábado. Eu não o conhecia em pessoa, de modo que me fascinou a iniciativa do cineasta. Queria por força que eu o acompanhasse a um pequeno estúdio-cabina, para assistir ao seu *Mãos ao alto!*, que acabara de ser proibido pela censura do regime-partido. O resultado dessa violência cultural, poucas semanas depois de sua ida à casa que tive de alugar em Mokotów, foi o imediato autoexílio do cineasta, que se mandou para o país mais combatido na Polônia de então, a RFA (República Federal da Alemanha), circunstancialmente seguida pelo repúdio a Israel.

De certa maneira, Jerzy talvez tenha sido a primeira vítima do ano infausto que se seguiria alguns poucos meses depois, 1968, que marcaria um ciclo de violências contra estudantes e operários em sua terra. Quem percorre os relatos daquela época terá dificuldades em compreender que o Maio-

n' Utopia até que acredito, difícil enfrentar cotidiano

1968 parisiense, que derrubaria de Gaulle um ano depois, foi dramaticamente antecedido pelo Março-1968 polaco, causando um mal-estar nacional que só cessaria com a queda de Gomulka e Cyrankiewicz, em 1971.

Exilados políticos brasileiros, como Pedro Celso Uchôa Cavalcanti, Ivan Otero Ribeiro, Mauricio Mello, Rubens Cesar Fernandes e alguns outros, viveram intensamente aquele período de extrema angústia e desmoralização do país que os abrigava. Ivan estudava economia agrária, na universidade local, os outros, ciência política ou algo do gênero. Interessei-me logo por seus depoimentos sobre as respectivas fugas precipitadas do Rio de Janeiro, a partir do golpe contra Jango, em 1964. Contadas hoje, pareceriam aventuras perigosas de filmes de ação.

Essa minha mudança para Varsóvia, dirigindo um fusca alemão novo em folha que adquirira em Munique, levara-me antes a Praga, onde pude conhecer um bando de jovens amotinados (verbalmente). Na capital tchecoslovaca, diante de meu olhar perplexo, desfilavam belas mulheres, namoradas, amantes, esposas ou não de alguns corifeus da louca resistência contra a invasão de agosto de 1968, induzida pela URSS, das forças do Pacto de Varsóvia e, no futuro, da "Revolução de Veludo", que tardaria tanto.

Na chegada à Polônia, deparo-me logo com velho amigo do Rio, o jornalista Édouard Balby, no bar do Hotel Europejski. Eu não o vira desde dezembro de 1963, por ocasião de sua despedida do Brasil, após longa permanência de uma dúzia de anos entre nós. Ele fora cobrir, como correspondente, a visita do general de Gaulle ao país em que, nos idos de 1921, o presidente francês, atuara como capitão de cavalaria motorizada. Conversa vai-conversa vem, ao nosso lado senta-se uma atraente jovem loura sobre uma banqueta alta frente ao balcão. Balby sorri, quando ela começa a falar, num péssimo inglês, atrapalhando o diálogo saudosista que mantínhamos.

Além das monossilábicas palavras nie e tak ("sim" e "não"), a moça, que o jornalista francês me avisara ser "universitária de corpo à venda", ensinou-me a expressão comercial do seu negócio, dwadszia dollari ("vinte dólares"). Mesmo para os padrões financeiros de 42 anos atrás, a soma era irrisória, o que me levou à recusa de fazê-la acompanhar-me ao quarto do hotel. Era com uma universitária à venda que a sofrida Polska Ludowa ("Polônia Popular") saudava o recém-chegado. Não pude então aferir o significado e o significante de uma situação tão humilhante, que tratei com manifesto desinteresse, para não dizer desprezo, que cedo concluiria injustificado.

Dias depois, o embaixador oferecia recepção pelo Sete de Setembro, com a presença dos poucos patrícios radicados no país, inclusive dos exilados, de polacos ex-residentes no Brasil, diplomatas que lá serviram e de três alunos da Escola de Cinema de Lodz. Um deles era filho do artista plástico Augusto Rodrigues, os dois outros um casal de colegas, Tezzi e Jirges Ristum. Impressionou-me mais os dois, com quem fiquei conversando no jardim da sede da Embaixada, numa rara tarde de sol franco, já em luta contra o outono (o verão de 1967 foi dos mais longos e brilhantes da Europa no século XX). Gostei de apurar o gosto daquele filho de árabes pelo melhor cinema, detendo-nos em Roberto Rossellini. Quando lhe disse conhecer o maestro, só faltou beijar-me as mãos que se deram inúmeras vezes às do autor de *Europa '51*.

Mas nossa conversa não ficou por aí, estendendo-se aos aspectos negativos que ele constatara, logo ao chegar à Polônia, sua gente comum revoltada contra a burjuazia czerwona ("burguesia vermelha"). Era a primeira vez que eu ouvia a expressão, não corrente junto aos membros do corpo diplomático (os diplomatas do meu tempo poupavam-se de críticas, mesmo entre si). Gostei, porque sabíamos todos que os altos burocratas do Partido, chamados pelos soviéticos de Nomenkalatura, usavam e abusavam das suas faculdades mordômicas e privilegiadas. Jirges usará no diálogo outra expressão dos jovens polacos, em crítica aos filhinhos de papai, em geral dos membros do Comitê Central, ministros, líderes locais e representantes na Dieta: eram chamados de pokolenja bananowa ("geração bananeira"), pois inexistente no mercado a fruta tropical, salvo em limitadas importações de consumo exclusivo, compreenda-se, para os áulicos institucionais...

Jirges tornou-se, portanto, meu primeiro mestre do varejo sócio-político na Polônia "socialista". Mas ele e Tezzy quedaram-se por pouco tempo em Lodz. Sumiram. A carreira diplomática, meu "ganha-pão missioneiro", levou-me para outras bandas da vida e nunca mais revi o Jirges. Só recentemente, nos últimos dias, soube que se quedaram pouco por lá. Seu filho, André, conversou com a mãe que lhe contou sobre a impossibilidade de partilhar de um quarto, como se não formassem um casal (moralismo pequeno-burguês de comunistas em país fanaticamente católico? A ver...). Mandaram-se para Roma, onde conheceram Gianni Amico. Amigos do Amico tornavam-se amigos do Bernardo Bertolucci, que fazia uma fé enorme no cineasta e escritor lígure, que amava o Brasil loucamente.

Em 1976, volto a Roma, daquela feita como conselheiro da Embaixada junto à Santa Sé. Procuro logo o Gianni, que me pede, em nome do Glauber, para despachar para o Rio de Janeiro uma pesada mala de papéis do gênio conquistense. Sabendo de quem era a mala, o gerentão da agência local da Varig, militante da Loja maçônica P2, recusou a cortesia, num primeiro momento. Quando o informei de que o general Golbery apreciava o Glauber, acedeu ao despacho. Foi assim que salvamos os preciosos escritos,

barra – mesmo é SER gauche-na-vida – beleza (ELA) ninguém compra (a-mais hojendia desenhos, fotos, artigos, *dépliants* e pequenos objetos de estimação do Buru. Quando me jactava do "feito" em casa do Bernardo, apareceu o Jirges, aquele Turco da Polônia, já sem Tezzy, mas com Tina. Foi aquele abraço enorme que nos ressoldou, desde o fugaz contato em Varsóvia.

Os encontros, claro, se sucederiam, ao longo de minha nova estada em Roma, ao menos até inícios de 1980. Bernardo se mostrava irritadiço, naquele período, às voltas com o distribuidor estadunidense de *Novecento*, porque o cretino queria-porque-queria cortar o filmão *fauve*, para torná-lo "mais comercial". A gente tentava puxá-lo e empurrá-lo rumo a outras paragens da arte e do sonho. Durante os trabalhos de roteirização de *La luna*, como assistente de direção escolhido, Jirges em muito contribuiria para trazer alguma tranquilidade ao parmesão. Gianni, presente, judiciosamente sugeria, na verdade aconselhava, como maestro del maestro que, na verdade, era. Na verdade, maestro mesmo era Rossellini. Numa manhã de primavera (1977), apressado para o trabalho em minha Embaixada, caminhava eu a passos estugados no Corso Vittorio Emmanuele. Na altura de Sant`Andrea della Valle, topo com o Turco, que me para. Fui logo lhe dizendo que não podíamos conversar, que nos veríamos depois.

Retomei a marcha (forçada), mas ele me pegou pelo braço, firme, bradando: – Cônsul, o maestro morreu! Acabo de combinar com o Gianni e o Bernardo uma visita ao apartamento no Parioli. Caí das nuvens, arfante e chocadíssimo. Num bar próximo, telefonei à Embaixada, para avisar do ocorrido e, portanto, de minha ida ao funeral. E fomos não os quatro, mas outros, em carros e táxis. Chegando lá, um espetáculo que não esperávamos: todas as ex-mulheres estavam no apartamento (salvo Ingrid), a de Marchis abraçada a Renzino, choroso, que veio saudar-nos. Ia-se mais um gênio, infundindo-nos aquele sentimento de perda de um continente. Outros cineastas chegavam. Lembro-me que Aprà se preocupava com a impossibilidade espacial de tanta gente reunida. Como não gosto de situações do gênero, fui saindo de mansinho, desaparecendo à francesa, com uma rápida mirada de esguelha na calva inchada do grande Roberto. Triste, muito triste, peguei um táxi para Via della Conciliazione. Telefonei ao Brasil, falei com David, Glauber inencontrável, talvez em Brasília.

À noite, não quis ver ninguém, a não ser meus filhos.

Que posso mais dizer do Turco e da falta profunda, enorme, que ele, com Glauber e Gianni, com os outros que também se foram, nos faz?

Malditos anos 1980!

Um grande abraço, filho do Jirges, lembranças à mãe, do Arnaldo Carrilho – o cônsul-console.

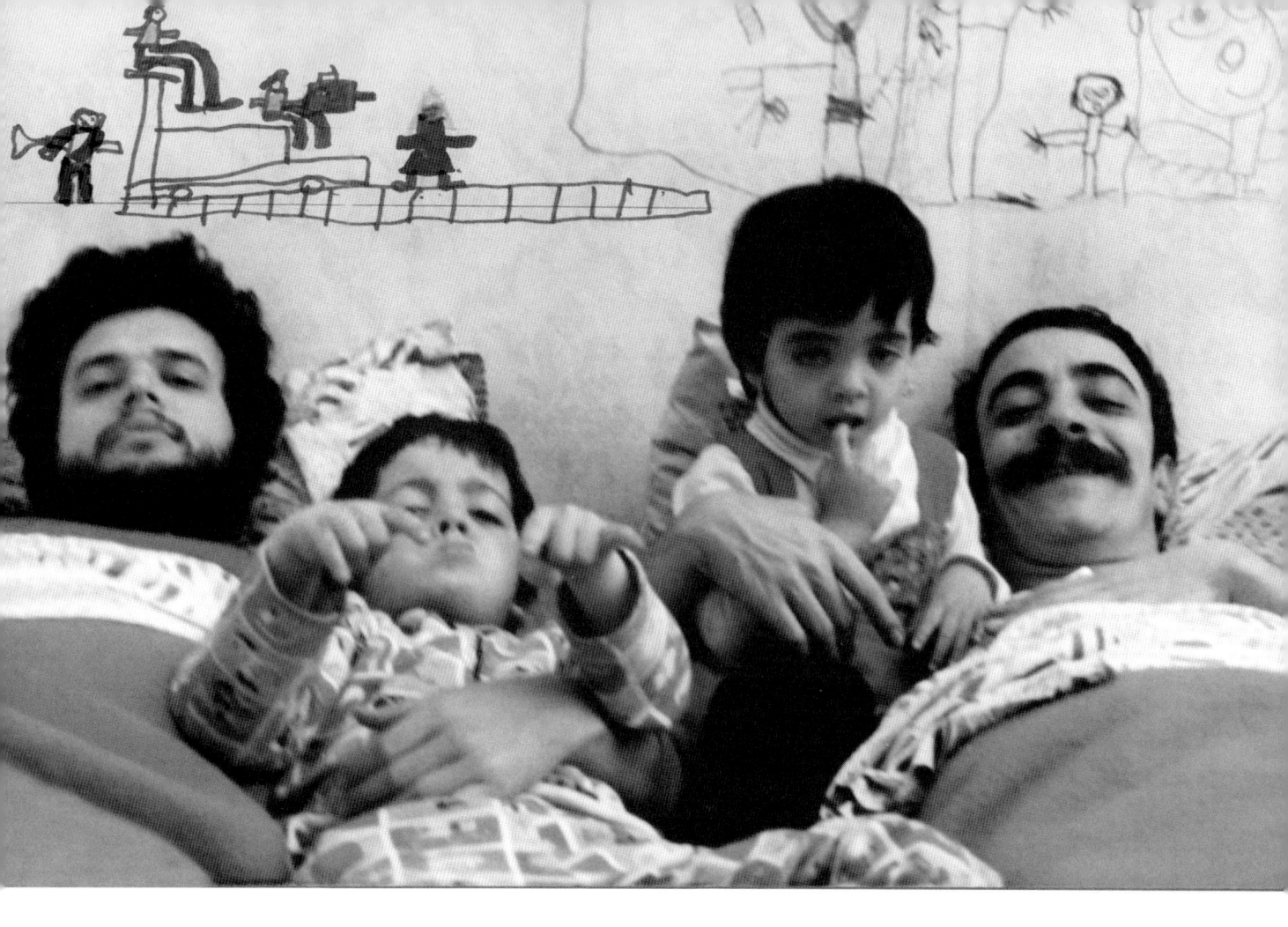

O pai do meu filho

Ivan Negro Isola

Como se não bastassem as persistentes lembranças dele no semblante do "nosso filho André", este livro me fez reviver 14 anos de intensa amizade, mesmo em meio a profundas e deliciosas divergências.

Conheci o Turco em meados de setembro de 1969, dois dias depois de chegar em Roma para frequentar o curso de direção do Centro Sperimentale di Cinematografia, então sob a direção de Roberto Rossellini, grande e querido mestre de nós todos que tivemos o privilégio de conhecê-lo.

No dia seguinte, ao som do disco branco do Caetano e o compacto duplo do Gilberto Gil, com *Aquele abraço* e *Charles anjo 45*, mais os últimos números d' *O Pasquim* embaixo do braço, fui conhecer o Jirges e a Tezzy, levado pelos meus queridíssimos amigos André Gouveia e João Cesar de Oliveira Costa. Assim tive a primeira das inúmeras conversas com o Jirges que duraram 14 anos, até o dia em que o deixei em Nova Iorque, internado para o tratamento da leucemia que o levou logo em seguida.

Ele cursava sociologia na Universidade Pro Deo, depois de tentar fazer o mesmo curso em Varsóvia, na Polônia. Soube então de seu interesse por Gramsci, o que animou inúmeras conversas e discussões acaloradas. Logo percebi que atrás daquele sujeito havia um gozador, alguém que não cabia direito no personagem, aparentemente muito sério, "marxista de estrita observância" (como se autodefinia) bem comportado, cabelo sempre aparado e curtíssimo, ainda sem seus característicos bigodes, que bebia só Coca-Cola e fumava tabaco como um turco, hábito que o levou a persistentes problemas pulmonares.

O Grande Otelo (que havia estado em Roma com Flávio Império, Dina Sfat, Paulo José, voltando do triunfo de *Macunaíma* em Cannes), apelidou-o de Jirgéia Capolinea, pois então ele morava no ponto final do ônibus que servia a região da Piazza Bologna. Daí iniciou-se uma tradição de nos apelidarmos com nomes de raparigas, o que valeu a mim a alcunha de Ivonette Moviola. Mais tarde entrou para o nosso bordel uma tal de Glaubette La Rochelle e muitos(as) outros(as) cujos nomes não citarei para evitar eventuais embaraços, pois hoje desempenham altas funções públicas.

Naqueles dias ainda comemorávamos a glória (vã) de termos sequestrado o embaixador americano, Charles Elbrick. Jirges, então, era o representante da ALN (Aliança Libertadora Nacional) em Roma. Ainda acreditávamos (però no mucho) que a ditadura só seria derrotada pela força do povo em armas. Nesse clima aprofundamos nossa amizade trabalhando para denunciar a barbárie que triunfava no Brasil dos militares.

O ano de 1970 foi de vai e vem infernal de gente que chegava, moída nas masmorras brasileiras, de militantes indo para Cuba treinar guerrilha e de lá voltando para "continuar a luta" no Brasil, onde muitos só encontraram o luto.

Eu me dividia entre as aulas do mestre Rossellini e a militância. O Turco, mais agitava que estudava e a tal da Pro Deo, de fato, não era o bastante para o Jirges. A Tezzy também estava buscando outros horizontes, além do curso de jornalismo que concluiu na mesma universidade. Queria dançar e, para uma bailarina clássica, Londres é um dos paraísos na terra. Mudaram-se para lá, onde nasceu o André. Enquanto isso, a tese sobre Gramsci ainda animava o sociólogo.

Fui visitá-los em Londres para celebrar o nascimento da criança que recebeu seu nome em homenagem ao nosso inesquecível amigo, André, filho de Júlio Gouveia, falecido num desastre de moto em Paris.

Foi certamente o *fog* londrino que fez com que ele deixasse crescer o cabelo, enquanto o bigode ia adquirindo seu perfil tão notório. Entre uma mamadeira e outra do André íamos ao Pub (onde ele bebia só Coca-Cola, como sempre) falar da vida e, de novo, senti que meu amigo precisava mudar de ares. Eles moravam em Highgate, e lá fomos nós visitar o túmulo do Barbas, Karl Marx, e tivemos uma longa conversa sobre os horizontes históricos do Brasil, um dos nossos assuntos permanentes naquele momento. Começamos a constatar que a hipótese revolucionária estava fadada ao fracasso. Gramsci podia explicar também o Brasil: nas sociedades complexas não há como fazer mudanças sem amplos consensos, ou seja, sem democracia. Ditadura, não! Inclua-se nisso a do proletariado, porra! Prenúncio do desbunde político, que seria seguido pelo desbunde propriamente dito. E feito, como já deu para perceber só folheando este alfarrábio.

Tezzy e Jirges separam-se e ela primeiro, depois ele, voltam para o Norte da África, como os setentrionais gostam de se referir a Roma. E, nesse momento, final de 1973, depois de tentar, inutilmente, reconciliar a Tezzy e o Turco, começa um novo período da nossa fraterna amizade, pois acabei casando com a Tezzy e, assim, o Jirges virou meu primeiro "ex-marido". Ou seja, ex-marido não é só da sua mulher, é também seu ex-marido, como bem sabem os que possuem esta experiência. E, apesar da tradição machista nos obrigar quase sempre a comportamentos drásticos, nossa relação foi se aperfeiçoando a ponto de nos apresentarmos, reciprocamente assim: "Este é o pai do meu filho."

Veio Dadá, minha filha com Tezzy, e as nossas paternidades cruzadas consolidaram-se, como mostra a foto acima, num momento em que o Jirges estava passando por um tremendo enfisema pulmonar. Perdão pela aparência...

Depois da separação, o nosso Turco, sempre fiel a si mesmo, assume seu novo "eu". Começa uma exploração intensiva de todas as sensações disponíveis e mergulha no universo cinematográfico, uma das várias tentações talvez reprimidas e que encontraram livre curso na *Dolce vita* que sempre embalou a *Cidade aberta*. Afinal, citando Oscar Wilde, ele dizia sempre: – o melhor das tentações é ceder a elas!

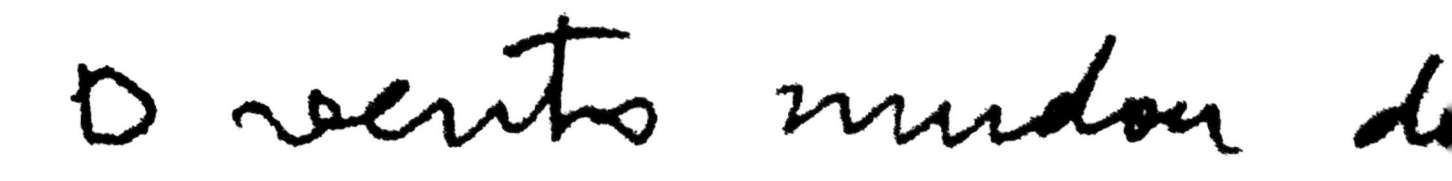

Ainda em 1973, apresento Jirges ao meu colega de escola e assistente do mestre Roberto Rossellini, Beppe Cino, que o contrata como segundo assistente do filme *Italia anno uno*. O vírus do cinema estava inoculado definitivamente e o resto da sua vida transcorreu entre paixões por cinema, mulheres e farras.

Sempre pendurado num telefone, com um indefectível cigarro entre os bigodes, mantinha seu incansável *networking*, como diríamos hoje. Assim ele foi construindo relações com o que havia de melhor no cinema italiano. Gianni Amico, nosso guia pela Itália do cinema, companheiro, parceiro, camarada de sempre, e Glauber abrem as portas que o levaram a conhecer de perto Antonioni, Bertolucci, Carmelo Bene e tantos outros.

Ah! As farras... Elas acabem sempre cobrando um preço. Nos meandros romanos uma pletora de personagens fellinianamente se mistura. O intelectual, o cardeal, o senador, a prostituta, o ladrão, o traficante, enfim, todos transitam livremente pelos fellinianos salões eternos da cidade. Às vezes baixa a cana e lá se foi o Turco para seu "verão alla Jean Genet" (segundo Bertolucci), nas dependências de Regina Coeli. Comeu *risotto (amaro) al caviale* e se viu preso sem culpa formada, sem flagrante, ao lado de bandidos e assassinos que conseguiam liberdade provisória, mesmo tendo sido presos com armas em punho. Morria de medo de ser tratado como Pierre Clementi, que ficou dois anos preso na Itália e quase enlouqueceu.

A solidariedade de seus amigos influentes e a incansável ajuda do Gianni Amico acabaram por tirá-lo da prisão e, depois da prisão, uma viagem à *Luna* com Bernardo Bertolucci, para depois mergulhar no *Mistério de Oberwald*.

Em 1979, com a Lei da Anistia, volta para o Brasil como assistente do Neville e a esperança de fazer uma retrospectiva do Antonioni no Museu da Imagem e do Som de São Paulo (MIS), então dirigido por mim.

Para mim, em suma, sua maior *performance* foi encarar seu destino *avec souplesse*. Quando sua única alternativa foi tentar uma nova droga experimental em Nova Iorque, lá fomos nós. São hilariantes as suas histórias durante a internação e tratamento no Hospital do Servidor Público, mas nada se compara ao modo com que enfrentou seus últimos dias, seu destemor diante dos temores, um espetáculo sua entrega à paixão desabrida pela sua amada Dorene, a quem devemos grande parte da sua obra, sua musa, sua ventania...

Para nós, seus contemporâneos, lembranças de um tempo que se foi e volta um pouco neste livro. Aos mais jovens, um exemplo a não ser seguido, como ele provavelmente diria. Ou não...

Seu Cachorrito
Luis Maria Olmedo

Ivan, quando você pediu para escrever sobre o Turco eu fui logo falando que escreveria amanhã mesmo. Isso foi o inicio de algo que desencadeou em mim uma espécie de avalanche, de inundação do que ele representou na minha vida e de todos os momentos maravilhosos de nossa vida que naquela época ocorriam todos os dias: não tínhamos motivos para chateações e o papo furado era o protagonista: eu nunca vi alguém falar tanto, ele falava de tudo e com todos e a gente passava a maior parte do tempo dando risadas das babaquices que a gente falava.

O que segue já é com ele.

Não sei ao certo qual seria o momento justo para lembrar. Talvez quando dá uma vontade doida de chorar? Talvez quando o tal estado de graça te invade? Aí você olha ao redor e percebe que tudo não passa de uma "porralouquice" que não acaba nunca e, então o melhor é sentir sua presença e desfrutar da beleza, da sinceridade e da magia que faz você ainda estar por aqui, pelo menos nas nossas lembranças.

Exposto o estado de espírito que me toma no momento em que escrevo, vamos lá pois chegou a hora de falarmos, de batermos um papo, assim como fizemos durante tantos anos.

Esse homem tinha inúmeras particularidades, todas elas eram coroadas de um grande sarcasmo e, na intimidade, ou seja, comigo ou com o Glauber, ou com o Ivan, sempre exibiu uma grande dose de cafajestice.

O papo era nossa diversão nas longas caminhadas romanas. Passavam ao nosso lado Piazza Farnese, Campo dei Fiori, Cancelleria, Piazza Navona, Pantheon e só terminava lá pelas 3h da manhã na Fontana di Trevi, depois de ter fumado tudo o que a gente tinha direito e acabávamos a noite metendo o pau em todo mundo, como dois verdadeiros moleques, rindo até as lágrimas e transformando a Fontana di Trevi no Vesúvio.

Ele era muito delicado e sua cultura não incomodava assim como o fato de ele ter trabalhado com Rossellini, de ser muito amigo do Bertolucci, de falar ao telefone o tempo todo com o Antonioni. Ele era encantador e até o Carmelo Bene não podia ficar sem o Turco.

As diferenças entre nós eram absolutas e ele gostava de mim porque éramos pessoas comuns, sem babado de intelectual. Ele curtia também meus outros irmãos, o Copi e o Juan Bautista Piñeiro, gente finíssima, uma parte da Argentina em Paris que contava. Para o Copi, por exemplo, era normal se pintar todo de verde e nu, entrar em cena representando uma peça de sua autoria; ou o Juanito Piñeiro, meu maestro literário, que pedia pra eu acompanhá-lo nos jardins para catar homens entre os arbustos. Tudo isso o Turco gostava de ouvir.

Com a gente não tinha esse negócio de gostei, ou não gostei: o negócio era e basta! E assim, devagarinho, fizemos o filme *Claro* com o Glauber e isso nos uniu pela eternidade. Esse filme foi uma das coisas mais totais que eu vivi na minha vida. Além de ser o assistente do Glauber, ele participou de algumas cenas e uma passagem que, asseguro, é memorável!

Posso dizer que poucas pessoas conheceram o Turco como eu e me orgulho muito disso, pois eu conheci o Turco (que os amigos italianos chamavam de Turquinho e eu não gostava) quando ele ainda era careta e tinha o mau gosto de falar mal de todo mundo até o dia em que, na Piazza Navona, estávamos caminhando e passou o Adolfo Celi com a sua mulher e ele fez um comentário sobre a senhora do Celi que me deixou sem graça, pois a linguagem era do mangue, e o fora dele foi total, pois a moça era uma amiga minha. Mais tarde o negócio foi engrossando e ele continuava chamando (sem saber) amigos meus de maconheiros.

A propósito da sua caretice, faço um *flashback*. Fui morar em Paris no começo dos anos 1970 e comecei a fazer parte do Magic Circus, maravilhosa experiência que me levou, entre outros lugares ao Round House de Londres e em uma dessas noites, no final do espetáculo (que terminava sobre uma plataforma circular no meio do público, um final tipo teatro de revista com todo o elenco e grande música) meus olhos foram parar nuns caras que praticamente estavam subindo na plataforma batendo palma e gritando "bravo bravo". Era o Turco, que fez sinal pra mim, dizendo que me esperava no bar e, com ele, estava o ilustre nordestino Fernando Falcão com quem mais tarde entabulei uma grande amizade. De lá saímos para a casa londrina do Turco, onde nos esperava uma grande surpresa. Era Natal e a Tezzy (então casada com Turco) tinha preparado o maior jantar: feijoada com todos os babados e, para terminar, brigadeiros, cocada e companhia. Essa maravilhosa mulher, que também com o tempo se transformaria em uma das minhas grandes amigas para toda a vida. Mas aí não terminaria a surpresa pois, nessa noite, o Turco deixou de ser careta. Eu trazia comigo uma mutuca de *punto rojo*. Depois que a gente acabou com o bagulho o Turco não podia acreditar e queria mais e, assim que no meio da noite tivemos que sair para apanhar o resto da colombiana onde eu dormia. Penso que daí pra frente ele nunca parou.

Outra das grandes surpresas dessa noite foi que, no meio desse jantar infinito em que também dançamos, a Tezzy apareceu com um bebê nos braços. Era o filho, o André. Ele era realmente muito pequenino.

A partir daí a festa ficou ainda mais animada e a nossa amizade também. Nunca parou, mesmo nos momentos de cafajestagem total, quando ele ficava escondendo as pessoas pra ele curtir na exclusiva. Certo dia até deixei cair umas lágrimas por ele ter contado montes de mentiras para ficar só com o Glauber. Coisas de bichas. Acabei sacando o que ele escondia, mas era também o cara de pau que apareceu na minha casa às 3h da manhã e, pelo interfone, pediu que eu o perdoasse e que ele me queria muito, e todo papo turco para se justificar.

Todo isso pra mim foi, ao longo do tempo, uma grande prova, pois ter um amigo assim e sobreviver foi realmente duro.

Para terminar, uma ultima lembrança. Poucos dias antes de ele partir para o infinito (onde eu encontro no meus sonhos) telefonei para Nova Iorque e ele me pediu se eu podia ir cozinhar para ele porque o rango do hospital era péssimo. Já terminando o telefonema ele me disse:

– Lembra daquela foto da Andreina com o peito de fora?

Andreina é minha mulher desde então e mãe dos meus quatro filhos.

– Pois é, mandei copiar e está aqui comigo; eles são bonitos demais, os peitos.

Aí seu velho Turco, vou parar por aqui. Muito obrigado pela sua presença, pela sua companhia, por sua cultura e sua cafajestagem. Eu gosto de você e você gostava de mim, apesar das amizades famosas. Afinal, não tem fama maior que você ser "o" Turco e eu seu Cachorrito.

Com saudade...

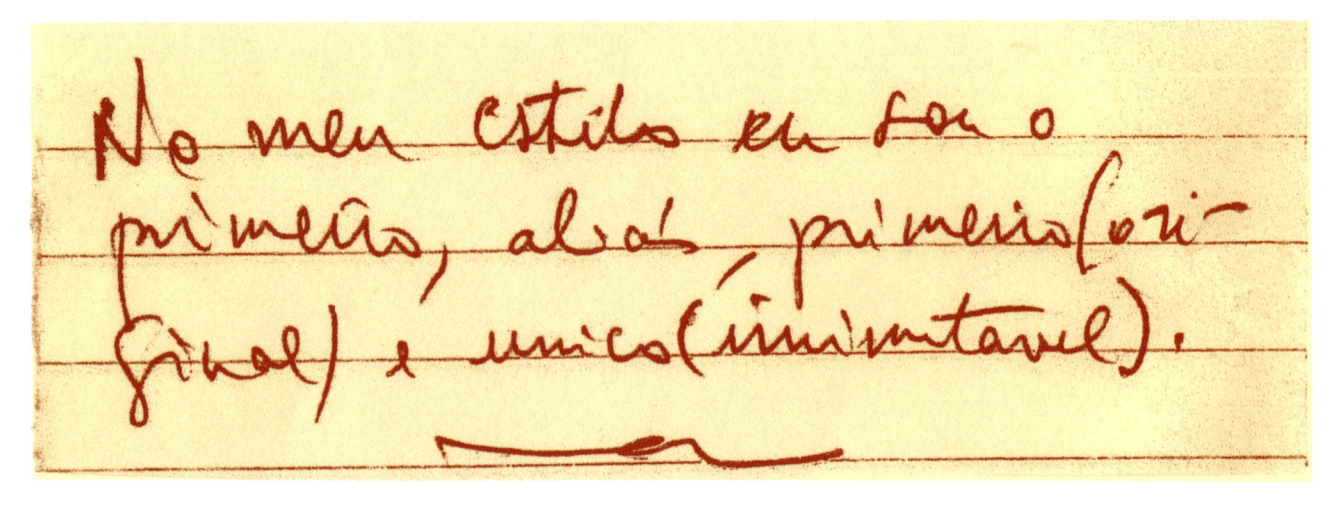

André Gouveia

Júlio Gouveia

André Ristum

Na Rue de la Glacière queimamos as imagens sagradas
e os ornamentos e as flores quase na esquina, enquanto
o quarto se abria para a espiral do elevador
com um impulso suave, e atrás
da janela o tempo nos olhava, o leito era branco
nós dois subimos rindo
porque eles tinham dito "elle n'est pas là", voce
tinha medo, e as flores eram
gotas limpidas de chuva naquele agosto lento
como voce, lenta, tirando seu vestido
e nós fechamos bem as cortinas
Na Rue de la Glacière onde queimamos as imagens
e todos os ornamentos, um pequeno fogão, as lagrimas
dos amantes felizes na Avenue des Gobelins
quando nos beijamos

Lon, 23.8.72

amor é (muito)
simples
[palavras
situações/
indecisões/
confusões

MAREY ONLY

Nosso encontro
està marcado noutro relogio
no relogio de outro tempo
se hà tempo
e se hà alma
porque foram nossas almas
e não os nossos olhos
o que pusemos
nos olhares que trocamos

Graça, afeto e inteligência

Guilherme Cunha

Conheci mais a fama do personagem do que ele próprio e foi com o nosso querido e de grata memória Fernando Falcão que desembarcamos em sua casa em Londres no começo dos anos 1970. Lembro-me que fazia frio e Jirges estava agitado aguardando que lhe fosse servido rapidamente o cafezinho que tanto gostava. Falávamos dos amigos no exílio, a situação no Brasil e os desafios que enfrentávamos, mais a necessidade, algo imperativo, de respondermos à altura aos problemas do nosso tempo. Foi então que o Turco ponderou: para ele estava tudo muito claro e disposto a mergulhar no conhecimento que lhe faltava aprofundar; estudaria filosofia na Alemanha, política na França e economia na Inglaterra. Aí estava o programa, sua estratégia de cara ao curto futuro que lhe esperava. Esta é a boa e estimulante lembrança que guardo do Jirges que marcou com graça, afeto e inteligência o tempo da nossa pós-adolescência.

HORROR se todos
fossem IGUAIS

Igual = comum

Comum = mediano (med

mediocre = feio

ⓔ

feio não é bonito

Chega de chinelos!

Renato Ferraro

Eram os anos 1970 e morávamos com o Ivan em dois quartinhos empoleirados sobre os tetos de Roma, a poucos passos da praça Navona, sem aquecimento, sem gás nem água quente e que hoje, estou certo, fazem parte de algum ático luxuoso. O Turco tinha sido expulso de casa por sua mulher e veio refugiar-se nos nossos 16 metros quadrados.

Deixava-nos acordados até o amanhecer (mas estávamos acostumados), para nos explicar uma razão para aquela virada radical da sua existência, razão pela qual Tezzy o mandou embora... "Basta com os deveres familiares", me lembro muito bem da frase que repetia continuamente, sublinhando-a com sua risada terrivelmente brasileira: "chega de chinelos!" E punha-se a nos gozar, que continuávamos a representar o papel de revolucionários... Nós, que da nossa parte, gozávamos dele, pelo menos com o mesmo prazer, diante da imprevista cambalhota feita por sua vida: por anos nos reprovava pela desvairada vida de cineastas revolucionários, colocando-se na posição do velho e ajuizado pai que estava escrevendo um ensaio (de chinelos) sobre Gramsci, enquanto frequentava compostamente Via delle Botteghe Oscure (sede do Partido Comunista Italiano).

E agora? Agora pulava repentinamente dos densos estudos gramscianos a mais mundana e vertiginosa vida noturna entre atrizes e *starlets* recolhidas entorno da corte de Bernardo Bertolucci e di Michelangelo Antonioni. Citava como um oráculo Eleonora Giorgi, sua amiga: "Basta de babaquice, a solução é casar com um homem rico!"

Os 16 metros quadrados eram muito estreitos e, depois de alguns dias, o Turco foi embora deixando-nos suas malas. Vinha trocar de roupa rapidamente, sem renunciar a nos fazer dar quatro risadas, tentando despertar nossa inveja pelas belas mulheres que frequentava. Em seguida escapava correndo, perseguido pelos nossos desconsolados pedidos de levar embora, um dia ou outro, as suas malas que ocupavam nosso pouco espaço.

Finalmente chegou aquele dia. A nossa casa perto da Piazza Navona tinha um quintalzinho que em Roma são chamados de *chiostrine*, e não tínhamos campainha. O portão estava sempre aberto e quem chegava tinha que gritar lá de baixo. Naquele dia estava sozinho em casa e o Turco chegou acompanhado de um amigo, um homenzinho franzino, com os cabelos despenteados... Muito, muito toscano.

Convidei-os a subir e teve início o costumeiro rito do papo furado e das gozações. Não me lembro de mais nada daquilo que dissemos naquela tarde, mas lembro muito bem que aquele homenzinho iniciou um monólogo e eu comecei a rir, rir tanto até sentir câimbras no estômago. Lembro que, entre lágrimas, eu conseguia só pedir que ele parasse, que parasse pelo menos por um momento. Mas o homenzinho, implacável, não me dava trégua... – Mas onde você encontrou esta figura –, era a única coisa que eu conseguia balbuciar para o Turco, – de onde saiu esse tipo?

Depois de algum tempo foram embora, o Turco, o homenzinho e, finalmente, as malas.

Revi o homenzinho somente alguns anos depois. Eu não morava mais na velha casa do Viccolo delle Vacche e Eleonora Giorgi, creio, casou-se com Angelo Rizzolli. O homenzinho estava na TV e começava a fazer rir todos os italianos. Estava nascendo o astro Roberto Benigni.

Proposta-tese sôbre Gramsci

Tentativa-base se resume em "ver" um Gramsci "sociomal". Até hoje, a maior preocupação estava voltada para a filosofia, para a política. Só em caráter restrito se pensou em têrmos de uma análise sociológica (como parte do pensamento sociológico marxista moderno). Dois caminhos podem ser tomados para um estudo sistemático, neste sentido:

① a sociologia de Gramsci (ou seja, a sociologia do conhecimento) onde, além do estudo de seu pensamento em relação ao tempo em que viveu, à sociedade de sua época, coloca-se o problema da situação humana-biográfica;

② a "sociologia geral" de Gramsci que indaga a possível formulação de uma "teoria social" sistemática, válida e aplicável (no seu tempo e atualmente), através do estudo de classes sociais, elites políticas, partidos políticos, revolução nacional, processos sociais, etc.

① e ② — é análise global e sistemática de obra teórica e ação política, através métodos sociológicos, em direção ao "sistema" orgânico para o estudo das relações sociais; mais enfoque filosófico, econômico e político.

Lei è un santo!!!

Ivan Negro Isola

Mestre Roberto tinha uma produtora, logo atrás da Piazza del Popolo. O Flamínio foi construído depois da unificação da Itália (1870) e parece um bairro central de Turim, com seus palácios de quase cinco metros de pé-direito, janelas com beirares e adornos de travertino, escadarias de mármores resplandecentes. Era um daqueles dias de caravaggesca luz. E ela, com seus caprichos, iluminava o topo de uma escadaria de porte vaticano.

Com o Glauber e o Turco, fui visitar nosso mestre para acertar detalhes da pós-produção do filme *História do Brasil*, que o Glauber e o Marcos Medeiros fizeram em Cuba. Subindo as escadarias, surge, envolto na auréola de luz, Roberto Rossellini. Glauber ajoelha-se num degrau e, *alla* Paulo Autran em *Terra em transe*, brada em ítalo-baianês:

– *Maestro!!! Lei è um santo!!!!*

Era. O Glauber também. Uma espécie de São Mateus do Cinema Brasileiro.

Anno uno
Roberto Rossellini

Conquista de mulheres. A estratégia do Turco

Dirceu Brisola

Jirges Ristum não era um homem feio. Também não era bonito. Pelo menos, com toda a certeza, não era tão bonito o quanto se achava. Era, porém, um conquistador, um *tombeur de femmes*.

Empregava para atingir os seus objetivos uma estratégia original, admirável e adequada ao seu temperamento. Ao contrário dos demais homens, em lugar de elogiar a mulher que pretendia conquistar ele a criticava. E em geral o fazia de forma dura, direta, desconcertante. Ao ser apresentado a uma beldade dizia: – Esse seu cabelo está horrível. Uma merda. Ou – Como você teve coragem de sair com essa bolsa e esse sapato? A combinação está um lixo.

Alternativamente, sobretudo quando já conhecia a moça, criticava agressivamente o seu desempenho na festa: – Como você dança mal, como é desajeitada.

Se não a conhecia, mas ela estava com uma amiga, conhecida sua, podia chamar o objeto do seu desejo de "ignorante", "provinciana", "chata". Jirges fazia isso com verdadeiras deusas, mulheres cobiçadas, que todos na festa gostariam de conquistar. E a coisa funcionava da seguinte maneira:

1- A moça o notava imediatamente;

2- ela com certeza não esquecia dele, fosse qual fosse a sua primeira reação;

3- ele se tornava para ela um desafio.

Como o Jirges era um cosmopolita, e deixava sempre isso muito claro a todos, entremeando suas frases com expressões em italiano e em inglês ou citando nomes famosos com a maior intimidade – o Bernardo (Bertolucci), o Francis (Ford Coppola) a Claudia (Cardinale) – tornava-se para pretendida presa um desafio ainda maior.

Funcionava. A um certo momento percebia-se que ele havia dado início à segunda fase da conquista. Se depois da agressão inicial ela se aproximava dele ou permitia que ele se aproximasse dela, a primeira batalha estava ganha. Qualquer concessão ou galanteio que ele desdenhosamente lhe destinasse ganhava para ela uma dimensão incomparável.

À que estava com o penteado horrível ele podia elogiar os pés, as pernas, o vestido. À chata e ignorante, ele concedia um comentário favorável. Dava para perceber o seu bote. Sempre, porém, mantendo a atitude altaneira, superior.

Deixando entrever a possibilidade de uma nova agressão, que não raro ocorria. Algumas precisavam várias doses de agressão, para destruir a sua autoconfiança de mulher linda.

Para quem o observava, ele muitas vezes parecia exagerar. Mas era inacreditável o quanto isso dava certo.

bares cheios
de
homens
vazios

mulheres cheias
de caralhos
vazios

Os dois brasis
Gianni Amico

Glauber – Leon. Leon – Glauber. Para mim, sobretudo, dois amigos. Daqueles de quem a gente traz os filhos sobre os joelhos, daqueles que trazem sobre os joelhos os filhos da gente.

Raramente escrevo sobre cinema. Faço-o quase exclusivamente para apresentar meus novos filmes, coisa, por si, já rara. As duas últimas vezes o fiz justamente para escrever sobre Glauber e Leon. Dentro da emoção pela morte de ambos.

Glauber e Leon foram – é impossível não recordar – dois dos quatro irmãos com que privei no transcorrer de poucos anos, poucos meses. Os outros dois foram Jirges Ristum "Il Turco" e Enzo Ungari. O Turco era exilado em Roma nos anos 1970, porta-bandeira da colônia brasileira da época. Aí conheceu Glauber e Leon, tendo trabalhado com ambos. Com seu inato camaleonismo, com sua atávica soturnidade, foi capaz de integrar-se a um e ao outro, conseguindo "traduzi-los". Por Glauber, Enzo viveu uma de suas inflamadas paixões intelectuais; com Leon teceu uma verdadeira amizade; com o Turco se embriagava sempre. Juntos, em Veneza, Enzo (na Mostra) e Turco (como promotor), haviam vivido, em 1981, a catástrofe em *A idade da terra* e, em 1982, o triunfo de Leon, em *Eles não usam black tie (...)*

não - quero - ser cristo, cristos morrem cedo demais

78

Se a
con/tra (d)ições
fundamental
(dorme)
na sua cama
é hora - de - mudar
de cama

Claro

Glauber Rocha

Il "Turco"... I remember

Alex Donadio

Um amigo dos tempos passados me convidou para escrever sobre um "amigo dos tempos passados"! Talvez eu fale dele, talvez não. Aceito com aquele prazer masoquista que te assalta quando, na minha idade, você se sente órfão... daqueles tempos passados. Não recolho as ideias, como se faz frequentemente, quando se tem que lembrar algo muito distante: as imagens não me aparecem como se estivessem veladas pelo tempo. Aqueles anos ficaram inalterados na minha memória, foram "anos de graça", mesmo com todas aquelas veleidades não satisfeitas. E sonhador era aquele jovem brasileiro formado em jurisprudência e desembarcado em Roma – acalentando o devaneio de fazer a revolução – com um nome que traía as suas origens sírias, Jirges Ristum, transladado arbitrariamente num "indicativo semântico" mais mediterrâneo, como "O Turco".

Inteligente, porém mais astuto que inteligente, mais intelectual que astuto, mais "político" que intelectual, mais "presenzialista" que político, mais boa vida que "presenzialista", mais inteligente do que só boa vida. Por vezes eu admirava as suas bravatas, por vezes me deixava puto da vida. O Turco era simpático, cativante, sorridente, culto. De vez em quando parecia superficial, duro, antipático, por vezes cretino. Dizia soletrando e pronunciando as palavras, com a sua costumeira risada irônica e exibida: – Eu-sou-um-fi-lho-da-pu-taaaa!!! Certamente nos seus primeiros anos romanos foi um ponto de contato entre muitos exilados brasileiros, políticos, intelectuais, músicos, cineastas...

Num determinado momento nossas vidas se encontraram e depois de desencontraram para terminarmos no último andar de um apartamento trasteverino de onde, ao debruçar-se na janela, via-se só ocre e verde – aquele dos muros romanos e dos plátanos que tingem o panorama do Gianicolo e, no interior, era-se dominado por outras cores, muito saturadas, que eu havia combinado por contraste, paredes e teto amarelo mostarda e cor de beringela. Era um *melange* visualmente muito "barroco", mesmo no seu minimalismo devido à pouca grana disponível. Lembro do Carmelo Bene que passou por lá numa tarde, acompanhado por uma jovem atriz em busca da fama, entusiasmada, e Michelangelo Antonioni, mais comedido, que tinha definido "molto interessante" a harmonização das cores...

Naquela casa a atmosfera que se respirava era um pouco a mesma que víamos quando íamos ao Filmstudio ver os filmes realizados pela Factory de Andy Warhol, em que se vivia um sentido de extrema liberdade e que naqueles tempos se confundia com "revolucionário" e, talvez, de certa forma o era. Allen Midgette, atores de teatro "off", alguns dirigentes da RAI de orientação socialista.

Lembro-me de uma menina alemã, com ar de adolescente inocente, toda arrumada, que parecia uma Heidi, a pastorazinha órfã da Suíça, e o Turco transando com aquilo que deus lhe deu e eu, com aquilo que tinha...

Por vezes a nostalgia nos toma pela mão e nos leva àqueles anos quando estávamos "tranquilamente" prontos para o insólito e o aventuroso como norma, como absoluta "possibilidade" do cotidiano. Anos que de qualquer maneira mudaram o sentido das coisas com aquelas conquistas, agora vividas pelas novas gerações como norma; com a experimentação que então era desejo de liberdade; anos de uma geração que perdeu mas que, ao perder, – e na sua perdição – permitiu às novas gerações continuar adquirindo, de fato, privilégios, alguns de pequena monta, mas impensáveis antes.

O nosso apartamento era multiétnico, multicultural, multilinguístico – não poderia ser de outro jeito – multintelectual, multivisual, enfim, "multitudo" e mais.... Era um período de grande convívio, vinham tantas pessoas, de Bernardo Bertolucci a Memé Perlini, de Gianni Amico a Michelangelo Antonioni e depois Carmelo Bene, Glauber Rocha, muitas meninas, estrangeiras nunca vistas antes, jovens mulheres de teatro e de cinema. Lembro-me de uma garotinha chamada Ely Galleani, esfuziante, Carla, uma belíssima fotógrafa friulana, e muitas atrizes de teatro experimental, como dizíamos então. Jirges "O Turco" trouxe para minha casa de tudo... Conseguiu até a trazer para casa os "carabinieri".

Que la fête commence!!! Assim iniciavam-se as festas na Corte de Philippe d'Orléans, como nos ensinou aquele delicioso filme de Tavernier, denso de atmosferas libertinas.

Que la fête commence!!! Aqui está a festa, no seu "novo" livro! Diabo de um "Turco" napolitano!

Dodô... mas somente para pouquíssimos.

Um verão alla Jean Genet

For jail notes

1) pintor que falsifica ele mesmo + pintor suicida
2) matou mulher + amante esquartejando, jogando no rio – 9 anos (de 30)
3) violentou filha de 7 anos (ele 50)
4) assalto 5 anos 8 meses – carta amorosa desabrigando
5) com gato – medo de ser envenenado
6) baterista nigéria – Charles Osei – 8 quilos – "eu como + toco bateria"
7) coreano + tai + americano + inglês
8) Gordo → traficando dentro
9) fasci # politici (...)

Carta de Clare Peploe

Darling Lizes
The other day I wrote you a letter + was waiting to give it to your lawyer when a letter from you arrived for BB + Gianni + Gabriela + I was offended not to receive one too, so I threw mine away. Today I thought fuck it – what have my silly feelings to do with the grotesque SHOCKING HORRIBLE INJUSTICE you are going through. Siamo rimasti molto male quando abbiamo saputo. È terribile che non possiamo visitarti neanche. Quando penso che si può mettere uno dentro per niente mi vengono come dei black outs. Burocrazia Italiana o contorbalazioni Kafkane. Florie + Housse chiamano spesso, sapere come stai. Andiamo a Rosa domani, Nello eccitata vedere i microfoni negli alberghi e il KGB. Pero che sia bello come in un film Americano. BB a paura per la sua testa (tragicone)

Ci vedremo presto – molto presto spero e voglio per favore una descrizione dettagliata di ogni cosa – cibo, esercizi, sesso, conversazioni TUTTO. Take jail notes

Sto andando a letto, anch'io in Via Lungara. Penso molto a te. Quando esci Roma ti sembra un sogno – pensaci po'!

Cool it jail bird
Lots + lots + lots of love
Clare.

Risotto (amaro) al caviale

Satenig Gugiughian

Satenig Gugiughian

São passados muitos anos desde quando a vida me distanciou da grande família brasileira da Via del Pellegrino. Um meu passado no Rio de Janeiro me permitia compartilhar da sua lúcida "loucura brasileira". Tudo teve início no século passado, quando num dia de meio verão do ano de 1975 conheci Jirges (o Turco). Passava no Corso Vittorio com Alex, com quem poucos meses depois eu viria a casar, quando Jirges, que era seu amigo, apareceu do outro lado da rua. Caminhava sorrindo e sobre os ombros, carregava um troféu, o mais importante. Era André, seu filhote: cabelo encaracolado com reflexos avermelhados (como numa pintura de Tiziano) e com grandes olhos castanhos, espertos e curiosos, escancarados para o mundo.

Minha vida, por um doce período, encontrou-se com a de Tezzy, Ivan, Jirges, André Dadá, Cachorro e tantos outros. A quantos sonhos as nossas palavras deram corpo... "obsessão cinematográfica" era o nome do vírus que nos havia infectado e não havia cura para ele.

Ente mim e o Jirges talvez menos palavras, mas o afeto e a sinceridade de um encontro não se medem pelo seu som. Alguns anos depois, por um breve período, Alex, Jirges e eu compartilhamos um apartamento num momento muito difícil da vida em que a palavra amizade assumia o seu significado mais profundo...

Uma noite, depois de ter jantado na *Trattoria Montecarlo*, dei início a uma experiência inacreditável e, de fato, inesperada. O insistente som da campainha da nossa porta anunciava um verdadeiro pesadelo. Três policiais entraram com prepotência no nosso apartamento e em poucos minutos colocaram tudo de ponta cabeça, inclusive nossas vidas... Estou certa de que aquele *risotto al caviale* que levei para ele na cadeia deliciou suas papilas gustativas enquanto suscitava uma inesperada hilaridade naquele lugar de coação. Era o verão de 1977.

A "viagem" do Jirges foi breve, mas intensa e os vestígio do seu caminho não foram cancelados pelo esquecimento.

Só mesmo você para ser chamado de Turco, sem me causar arrepio de medo: eu sou armena.

...tes do café, antes mesmo de
dentes, Fome uma colherinha
uma força pra enfrentar
dia.

Desenho
Setenil

Signor
JIRGES RISTUM
c/o REGIHA COELI
VIA DELLA LUHGARA-29-
ROMA

12 424

Dodo, mio caro. Bella la vita, eh? Eccomi qua un'altra volta a romperti le palle, solo perchè credo di essere già molto più vicino alla morte.

~

Quello che posso concludere è questo: Nessuno, ripeto, nessuno riesce a capire come io stia ancora qui, come Caputo non sia riuscito ad ottenere la provvisoria.

~

Con Sotgiu è più sicuro, Costa, ma con lui nessuno rimane dentro. Ho visto cose incredibili succedendo qui, ti assicuro. E non accettare nessuna parlata di giustizia e cazzi del genere. É tutto questione di soldi e di "mosse" con le magistrature.

(Pensa te che Betti è fuori con giustificazioni
di tipo medico, allegando che soffre di claustrofobia, ha
fatto ridere mezzo ordine degli avvocati!!!!!)

~

Non esiste detenzione, spaccio, non esiste. La
accusa è — alto tenore di vita, amicizie, supposizio-
ni di cazzi vari, cose che non reggono assolutamete,
ti giuro, di nuovo! Ho sentito che facoroni, è rimasto
bloccato da Caputi, anche per mancanza di soldi.
E tutto è questione di [soldi] e di [movimento]. ti
prego del fondo dell'anima di credermi. (Oggi è
uscito un tale, condannato a 18 anni (già definitivi), ricercato
per rapina, con due pistole, tentato omicidio, ultra-pregiudi-
cato. È uscito in provvisoria). E Caputi viene a parlare di
giustizia!

~

Come va la casa? Come stai? E Satemj? E il mon-
do?. Non abbandonarmi, ti prego. Ricordati che Piere
Clementi è rimasto qui quasi 2 anni, senza colpa, senza processo. . Non voglio impazzire... Ti abbraccio
tuo J.

1º erro: — idealizar, inventar, construir uma imagem e, en (eu mesmo, moi-même) acreditar no que cria minha imaginação.

2º erro: — não levar em conta, jamais, a opinião dos outros a respeito do que é verdade <u>Só</u> para mim — e a verdade <u>é</u> outra.

3º erro: — conceder, vacilar, entregar, aceitar, arrastar, dar tudo.

4º erro: — lutar (insano) contra o que é o mais importante para mim — o belo. E justificar a impossibilidade, a fraqueza, a besteira mesmo — o feio. Não sou mais eu. Ou ainda?

5º erro: — engolir metades, não exigir, não cobrar, não pedir, assumir unilateralidade sem propósito. Desprotegido, inseguro, fraco, desmoralizado — é, sim, superar o egoismo — machista. Mas é sim, também, esquecer que eu Sem mim não posso viver. (Amor próprio é coisa que aboli de mim — êrro, erro!) Empurrado para o abismo da cegueira do estado querer

6º erro: — não entender que amor requer duas partes <u>complementares</u>, <u>convergentes</u> (oh! Platão, oh Freud).

7º erro: — ~~Sou~~ Sou homem, quero sobrevivência na minha criação.

8º erro: — fingir que tudo é assim, que não há outro modo (e há, <u>eu sei!</u>)

9º erro: — insistir em aceitar o desequilíbrio que geram a falta de <u>res—peito</u> (nada de sentimentos, só de <u>respeito humano</u>)

10º erro: — acreditar que não existem opções (é claro: <u>eu</u> inventei isto) e que tinha em mãos (tinha? quais mãos?) o perfeito, o sublime.

11º erro: — continuar sempre, como desconhecendo o que sei e, pior, me aniquilando na falta de amor, ou, mais ainda, suportando um desamor, pagando (porque?) pecados que <u>não</u> cometi.

12º erro: — admitir que bastaria o meu amor para receber um afeto (quanto? quando?) que não vem, <u>nem mesmo</u> quando pedido

13º erro: pretender conciliar o irremediável e aprofundar na perdição de um amor que <u>só</u> eu sinto, que só eu (além de sentidos) posso "perceber", "intuir" e "saber" e — triste verdade — não ser compreendido nem correspondido

14º erro: faltar de coragem para enfrentar "vê" e recompor-me na minha integridade (e grandeza, talvez) e afastar-me do sofrimento, do engano, da mentira, da estupidez de quem não quer saber (ou não pode) <u>merecer</u> (-me).

Quem me dera ser um santo [isento] de pecados → temores → culpas → rancores

1° erro: idealizar, inventar, construir uma imagem e, eu (eu mesmo, moi-même) acreditar no que cria minha imaginação.

2° erro: não levar em conta, jamais, a opinião dos outros a respeito do que é verdade só para mim e a verdade é outra.

3° erro: conceder, vacilar, entregar, aceitar, arrastar, dar tudo.

4° erro: lutar (insano) contra o que é o mais importante para mim – o belo. E justificar a impossibilidade, a fraqueza, a babaquice mesmo – o feio. Não sou mais eu. Ou ainda?

5° erro: engolir metades, não exigir, não cobrar, não pedir, assumir unilateralidade (?) sem propósito. Desprotegido, inseguro, fraco, desmoralizado – é, sim, superar o egoísmo – machista. Mas é sim, também, esquecer que eu sem mim não posso viver. (Amor próprio é coisa que isolei de mim – êrro, erro!). Empurrado para o abismo da cegueira do usado

6° erro: não querer entender que amor requer duas partes completantes, convergentes (oh! Platão, oh Freud).

7° erro: esquecer que sou homem, quero sobrevivência na minha criação.

8° erro: fingir que tudo é assim, que não há outro modo (e há, eu sei!).

9° erro: insistir em aceitar o desequilíbrio que gerou a falta de respeito (nada de sentimento, só de respeito humano).

10° erro: acreditar que não existem opções (é claro: eu inventei isto) e que tinha em mãos (tinha? quais mãos?) o perfeito, o sublime.

11° erro: continuar sempre, como desconhecendo o que sei e, pior, me aniquilando na falta de amor, ou mais ainda, suportando um desamor, pagando (por quê?) pecados que não cometi.

12° erro: admitir que bastava o meu amor para receber um afeto (quanto? quando?) que não vem, nem mesmo quando pedido.

13° erro: pretender conciliar o irremediável e aprofundar na perdição de um amor que só eu sinto, que só eu (além dos sentidos) posso "perceber", "intuir" e "saber" e – triste verdade – não ser compreendido nem correspondido.

14° erro: falta de coragem para enfrentear, "ver" e recompor-me na minha integridade (e grandeza, talvez) e afastar-me do sofrimento, do engano, da mentira, da estupidez de quem não quer saber (ou não pode) merecer(-me).

Jirges Dieb Ristum foi um herói

Edgard Castro

Do menino de bairro dos Campos Elíseos, ao moço do Ginásio do Estado, à fuga espetacular com uma das bisnetas da Rainha do Café em pleno período de golpe de estado no Brasil, vários episódios fizeram do Jirges uma figura lendária na nossa então pequena Ribeirão Preto.

Depois de andanças pela Polônia, ele e sua companheira Tezzy, estabeleceram-se na Itália (em 1967) e depois na Inglaterra (em 1971), que assistia atônita à chegada dos *hippies* e o surgimento de uma nova ordem mundial com os Beatles e os Rolling Stones.

Por ali fizeram amor, um filho e muitos planos que os levaram de volta para Roma (em 1973), onde iniciou a sua maior missão: o cinema. Loquaz, inteligente, brilhante, logo se aproximou de uma geração que iria dar uma nova cara à Itália, ainda muito machucada pelos horrores da Segunda Guerra Mundial. Lá conviveu e logo foi convidado a trabalhar com Rossellini, Antonioni, Gianni Amico e Bertolucci. Naquele momento sentia-se ainda os reflexos dos tempos áureos do Neorrealismo e do novo cinema italiano, seu filho dileto. Havia ainda a esperança nascida entre as décadas de 1950 e 1960, quando a cinematografia italiana surpreendeu o mundo, competindo até com a Hollywood americana. Com Bertolucci viveu alguns dos seus grandes momentos, como assistente no filme *La luna* e frequentando o universo dos mais famosos Festivais de Cinema da época.

Conheci o Jirges ainda jovem em Ribeirão Preto e voltei a encontrá-lo na Roma dos anos 1970, numa charmosa casa da Via dei Cappellari, no Campo dei Fiori, verdadeiro Forte Apache dos exilados, anarquistas, correligionários do PCI (Partido Comunista Italiano) e alguns turistas como eu, que voltavam de uma grande descoberta da vida na enlouquecida Inglaterra. Mostrou-me a cidade, os amigos e o cinema que viria ser o meu futuro.

Quando a Lei da Anistia foi sancionada pelo general Figueiredo em 28 de agosto de 1979, o Jirges voltou ao Brasil e logo foi chamado pelos companheiros Serra e Müller na política, Glauber e Gustavo Dahl no cinema, todos então no poder, às vésperas dos formidáveis movimentos das "Diretas Já!" e do cinema novo. O nosso reencontro se deu neste momento e permitiu o desenvolvimento de um projeto para uma indústria cinematográfica, à frente do qual hoje me encontro, aqui em Ribeirão Preto.

Sua vida, interrompida por morte prematura aos 42 anos, deixou um legado importante, hoje continuado pelo seu filho, o André Ristum.

morro 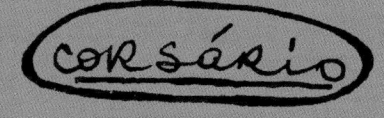 mas NUNCA fui corsário

A minha *Luna*

André Ristum

A primeira vez que tive um contato que poderia chamar de profissional com Bernardo Bertolucci foi aos sete anos de idade, no fim da década de 1970, durante a produção do *La luna* (1979). Desde bem pequeno eu era fascinado pelos *sets* de filmagens. Nesta ocasião meu pai era assistente de direção, e Bertolucci tinha me convidado para fazer um pequeno papel, onde contracenaria com a Jill Clayburgh, que na trama estava à procura de seu filho pelas ruas de Roma. Quando cheguei ao *set* da praça Farnese o sol já estava se pondo. Apesar de meu dia de ator, minha mãe insistiu para que eu não faltasse à aula e, assim, só cheguei ao *set* no final da tarde. Vittorio Storaro decretou o fim de meu breve sonho de glória, dizendo que não havia mais luz para minha cena. Muitas lágrimas rolaram. Com a delicadeza e gentileza que o caracterizam, Bernardo bolou na hora uma alternativa para minha fala, com uma opção de plano mais aberto, já pensando, imagino eu, na futura montagem da cena. A pedalada que fiz na frente da Embaixada Francesa, em cima de minha bicicleta, ainda com o rosto molhado pelas lágrimas, está na versão final do filme. Este pequeno exemplo, mas para mim muito significativo, resume um dos grandes ensinamentos que aprofundei posteriormente, quando tive o privilégio de ser um dos assistentes de direção de *Beleza roubada* (1996). A preocupação e o cuidado, não apenas com o filme que está realizando, mas também com todas as pessoas que Bertolucci tem ao seu redor. No *set* toscano, em várias situações, ele voltou a ter essa postura. Sem dúvida esse clima sensível e humano que envolve os *sets* de Bertolucci imprime-se no resultado de todos seus filmes. O cinema de Bertolucci me marcou profundamente, sobretudo quando tive idade para melhor compreendê-lo, dada à densidade extraordinária com que capta a alma e a psique humana. Algumas obras como *O último imperador* e *O céu que nos protege* me tocaram de forma única, me influenciando de forma decisiva para as escolhas que nortearam minha vida, filmes. Trabalhar como assistente de Bertolucci em *Beleza roubada* foi como alcançar um sonho. Guardo na minha memória lembranças especiais e momentos intensos vividos durante aqueles três meses de 1995 na Toscana, quando cresci muito do ponto de vista profissional, mas principalmente do ponto de vista humano.

La luna
Bernardo Bertolucci

La luna

Jefferson Del Rios

Uma lua redonda e nua vigiava o céu de Roma, em 1973, já imaginando que Jirges Ristum seria diretor assistente do filme *La luna*, de Bernardo Bertolucci (1979). Na Piazza Navona – toda mármore e fontes – aquele brasileiro-árabe de pele tostada por sóis imemoriais do Oriente derramava seus chistes e promessas de luz e ação.

Já que o cenário é Roma e Vaticano, pode-se dizer que "toda santa noite" a nau dos insensatos aportava no simpático Café Colômbia. Um espírito cético dirá que isso não aconteceu, que é apenas um plágio do felliniano *I vitelloni*.

Mas é tudo verdade.

Que noites, senhores, e que elenco, incluindo as estátuas de Bernini.

Jirges, sua ágil inteligência e cultura movida por indomável ironia, Ivan "o terrível pacífico", totalmente em casa na Cidade Eterna, e Glauber. Nosso Glauber Rocha, no autoexílio que lhe seria fatal, e talvez já tendo na cabeça, não só ideias cinematográficas, mas sua letra de Rei de Janeiro, que Macalé musicou:

Idolatrada mãe a quem recorro

Toda vez ameaçado pranto

Paraíso São Sebastião

Rei de Janeiro

Glauber vinha ao pôr do sol com um casaco sem gola, o chamado "estilo Mao", para discursar e palestrar para e com Lélia Abramo, a loba romana, nobre atriz, de volta à cidade onde viveu a juventude, a guerra e o amor. Era bonito vê-los em acordos e discordâncias em alto nível. Na praça de comovedora beleza naquela cor romana, que é avermelhado e, ainda, algo mais, tudo era tranquilo e normal. Cotidiano: comprar *vino bianco* a granel e os maços de verde basílico para "a pasta que Lélia faria"; ver ao longe Anthony Quinn cercado de *paparazzi*, ir buscar "sonhos" e pães quentinhos na padaria do beco, aliás Vicolo delle Vacche (segredos de Ivan).

Quando o sol se punha, uma adolescente circulava de bicicleta em uma direção enquanto em sentido contrário pedalava um cidadão de calça justa e cabelo oxigenado, aparentando ser homossexual. A menina era uma menina, e bastava seu encanto juvenil. Do homem sabia-se o suficiente: fora da resistência italiana. Herói anônimo.

De repente, na porta do Colômbia, o ator suiço-italiano Mario Adorf, quase sempre o vilão das fitas.

Jirges estava bem, estava feliz depois de um circuito tenso e corrido. Primeiro a Polônia por conta de uma bolsa de estudos em sociologia, que largou desencantado com o socialismo real; depois Londres, onde nos reencontramos, ele na BBC, um tanto inquieto, quanto aos rumos de sua vida.

Logo adiante, a jornalista Beatriz Albuquerque voltará a estas cenas, que se aceleram e superpõem. Mas, sim, nas noites de Roma, Jirges voltara a ser o divertido colega que, na redação da *Folha*, virada dos anos 1960/1970, inventara o brado insolente: – Não se meta com o trabalho da imprensa.

Tempos de ditadura, cães e polícia na rua, jornalistas acuados, e o levantino Jirges a inventar o bordão improvável: – O senhor não se meta com o trabalho da imprensa. Toda vez que alguém aparecia com chatices, ele disparava o seu – Não se meta com... Na realidade, estava ganhando a vida na esperança de que a repressão esquecesse sua militância na União Nacional dos Estudantes.

Flashback no filme: uma noite entre 1967/68, descíamos a rua Marquês Itu, ele inventando uma teoria cínica de – ninguém ser amigo de ninguém –, a solidão individualista, umas frases de Sartre, uma coisa meio provocativa para irritar a turma (éramos uns quatro). Pela altura da Santa Casa, Jirges estanca, cofia o bigodinho de José Lewgoy e diz: – Mas, será possível que não notaram a brincadeira? Sou um sentimental de Ribeirão Preto.

Pois não é que o Turco entre suas excelsas virtudes era interiorano? Pausa corretamente incorreta: – Ele era "o Turco", e assim se assumia sem melindres árabes.

Corte para a impensável cena final: Jirges velado no Museu da Imagem e do Som. O derradeiro encontro não bate com a risada do grande frasista e muito menos com sua carta triunfante: "nasceu meu filho, chama-se André Tarik. Tarik para celebrar as origens".

Jirges ali, sereno, e uma de suas "Frases de guardanapo" (reunidas em livro) nos desafiando:

quem vai sair vencedor deste empate (?)

Jirges, meu guia turístico

Beatriz Albuquerque

Em 1973, quando Lelia Abramo ganhou o Prêmio Molière de melhor atriz, que dava direito a uma viagem a Europa, Claudio Abramo, secretário-geral da *Folha de S.Paulo*, escreveu para os jovens amigos do jornal, que moravam por lá, e pediu que ciceroneassem a irmã. Na primeira escala, Jefferson Del Rios, em Paris. Em seguida, Jirges Dieb Ristum, em Roma. No terceiro dia de sua estadia em Roma, Lelia ligou para Paris, dizendo que havia um apartamento à disposição, era de um cartunista do *La Reppublica* (amigo de Jirges), que tinha saído da cidade em férias de verão. O apartamento, na piazza Madamma, número 7, tinha um terraço com vista para a piazza Navona, onde, em uma daquelas noites de céu azul escuro e profundo, Jirges Ristum, Ivan Isola e outros pontificaram sobre o passado e o futuro, *urbi et orbi*. Naquele ano, com as Brigadas Vermelhas em plena atividade, era temerário desembarcar no aeroporto Leonardo da Vinci ou circular por certos lugares. Ao mesmo tempo, fazer turismo convencional, para quem estivesse na faixa dos vinte anos, era algo simplesmente impensável. Mas foi para isso que Jirges nos convidou em várias tardes daquele mês de agosto. Subir as colinas, percorrer a via Appia, circular pelo Coliseu, permanecer minutos em silêncio nas igrejas que guardavam as pinturas de Caravaggio, tudo aquilo, sob o olhar e ouvindo as palavras de Jirges, foi excepcional. Num final de tarde, observando a cidade a partir de um ponto muito alto, ele disse – Adoro mostrar Roma para os amigos. Sempre faço isso. No dia seguinte, nos convidou para jantar em sua casa nos arredores da cidade, onde, logo que chegamos, fez questão de acordar o filho, com um pijaminha estampado, em sua cama com grades – Este é o André! –, exibiu, com imenso orgulho.

Il Mistero di Oberwald
Michelangelo Antonioni

Roma 21/2/79
Testo libero

Ieri mio Redi
ha dormito a casa
mia.
La mattina dopo
x io e mio Redi
siamo andati
a scuola e
facciamo la meren
da insieme
e dopo se ne va via.
a lavorare.
con Antonioni.
Per fare un film.

Jirges e a filha do xerife

Herbert Spencer Carranca

Eu já conhecia o Turco e suas peripécias desde o final dos anos 1960, através de histórias de amigos em comum. Ele também sabia de mim, pelos mesmos amigos, mas só fomos nos encontrar, já como velhos amigos, no final dos anos 1970, em Roma, onde ele vivia, segundo o próprio, com a filha do xerife.

Monteverde Vecchio, apartamento com *terrazza*, e ele enamorado (como sempre) de uma americana (Carin Berger), filha de um ator de *spaghetti western*, em moda naqueles dias. Abriu a porta só com a saia da gringa, me olhou meio curioso e desatamos a falar, depois de torrar unzinho. E assim foi durante alguns dias, pela cidade onde ele era rei, com toda desenvoltura e majestade. Um dia, com cara de muito magoado, declarou sua infinita e intensa amizade, mas me disse que, sempre que alguém se referia a mim, antes de nos conhecermos, ele ficava puto da vida. Perguntei por que, já que não via o motivo. Disse-me que uma vez, na casa do Guilherme Cunha, creio que em Genéve, eu não havia saído do quarto em que estava para falar com ele, e por essa razão me achava um arrogante pentelho. Para terminar: eu só fui conhecer o Guilherme anos depois, já no Brasil, e nunca estive na casa dele na Suíça. Mas ele não acreditou e eu resolvi deixar por isso mesmo, e depois, em momentos de acaloradas discussões, eu dizia a ele que por isso eu não havia saído do quarto para vê-lo, de tão pentelho que ele era. Morreu achando que era eu na casa do Guilherme...

Ano 1979, anistia recém-decretada e eu andava por Roma, onde, claro, encontro o Turco. Na mesma hora ele me leva à piazza Navona, Palazzo Pamphilli, Embaixada do Brasil. – Vou pegar meu passaporte, disse, e me arrastou palácio a dentro, saudando a todos e invadindo salões. À frente de um funcionário mais graduado, que o cumprimentou com alguma intimidade, nos sentamos e ele foi avisado que seu passaporte, depois de longos anos de espera, estava pronto. E perguntou como ele estava, educadamente. – Estou tão fodido que tive que trazer um fazendeiro para pagar o passaporte para mim, respondeu. Agarrou o passaporte, pagou e não disse nem até logo para o perplexo diplomata.

O ESTADO DE S. PAULO
1 de agosto de 1979

Exilados no TFR por visto

Da sucursal de BRASÍLIA

Trinta e dois brasileiros que estão no Exterior impetraram mandados de segurança junto ao Tribunal Federal de Recursos com o objetivo de forçar o Itamaraty a fornecer vistos em seus passaportes, para que possam retornar ao Brasil.

Uma menina de cinco anos, Lutgardes Costa Freire, também teve de impetrar mandado. Os outros são Paulo de Tarso Giannini, Loreta Klefer Valadares, Carlos Antônio Malgaco Valadares, Cleuzer de Barros, Sérgio Soares Valença, Nilton Nahlis dos Santos, Regina Maria Carvalho Santos, Maria do Socorro Soares de Carvalho, Nanci Marleto, Jacy Pereira Lima, Rildete Alves Rodrigues, Rosane Alves Rodrigues, Marcelin Tabajara Gutierrez, Carlos Frederico Mares de Souza Filho, Sérgio Fonseca da Rocha, Maria Edy Ferreira de Chonchol, Sandra Macedo de Castro, Sílvio de Albuquerque Mota, José Luís Moreira Guedes, Nair Barbosa Guedes, Carmela Pezutti, Maria Anita Esteves Damy, Roberto Menkes, Alfredo Lopes Ferreira Filho, Teresa Jemma, Encarnacion Lopes Peres, Elzenóbio Vagner Coqueiro, Ney Eduardo D'Avila, Ana Maria do Carmo, Iraci Domenciano e Jorge Dieb Ristum.

glauberocha:

gritei na janela desta casa de monteverdevecchioroma vi

vendo com gringamericana ainda sem entender sacaçao por

que continuo a berrar olha o poeta olha o profeta olha

olha - Tu és EL-Unico mon ami

mandei abraço grande saudade jusussucitado abril 1979

23/Apr/79

TUDO BEM
teu
g.

Jirges, o cupido

Paulo Weinberger

Jirges sempre foi uma grande figura. E tinha toques de visionário, em várias coisas que me disse. Quando passei por um momento difícil, no final daquele ano de 1980, por causa do fim do relacionamento com a minha namorada (passava noites em claro, minha cabeça a mil por hora, tendo que tomar Valium todas as noites, coisa que nunca havia ocorrido antes e nem ocorreu depois, por sinal) quem foi que veio me dar apoio e me levar pra passear e me dar o carinho e afeto de que eu tanto precisava? O próprio Jirges, juntamente com a namorada dele, Dorene. Os dois me levaram, por exemplo, a um passeio por Roma que incluiu uma visita ao Campidoglio, onde havia uma exposição do Kandinsky – foi lá então que vi uma menina de uns 17 anos (eu tinha 27) esperando na fila, conversando com uma amiga. Na primeira oportunidade que surgiu, já dentro da exposição, comecei a conversar com ela e descobri que era russa e australiana e que morava em Sydney, Austrália, para onde eu estava indo poucos dias depois. Fiquei conversando alguns minutos com essa moça e depois, quando saí da exposição, Jirges e Dorene estavam me esperando do lado de fora e foram logo me dizendo: – Bonitinha ela, né, Paulinho? E eu respondi todo entusiasmado: – Muito linda! Com essa um dia me caso. E foi exatamente o que aconteceu, apenas dez meses depois, já em Sydney. Foi o meu único casamento de papel passado e em sinagoga ortodoxa (o irmão da noiva era rabino), onde quase nunca havia entrado e onde, depois daquele casamento que durou uns quatro anos, raramente voltei a pisar.

Soube da morte do Turco através do Naná Vasconcelos, que esteve em Sydney em 1984, tocando com o Egberto Gismonti. Naná me contou que havia estado no hospital visitando o Turco, lá em Nova Iorque, nos últimos dias de sua vida. Tenho até hoje comigo um belo presente que Jirges me deu em Londres: o brasão da Polônia, em metal, que ele havia trazido de lá e resolveu me dar de presente porque sabia que minha mãe é polonesa.

Apesar dos vários anos que se passaram, nem parece que o Turco se foi – imagino uma daquelas viagens longas da qual certamente um dia regressará. Tenho saudades dele até hoje. Tanto do cara lúcido e visionário, quanto do cara abusado e sem-vergonha, e também daquele seu senso de humor sarcástico, às vezes cáustico e sempre muito especial, e do seu jeito de fazer comentários passando os dedos pelo bigode, com a maior cara de sacana. Foi mesmo um grande fazedor de amigos, aquele nosso Turco querido.

A única coisa que me prende ao Brasil

Glauber Rocha

Querido Turco,

Escrevo-lhe nesta segunda-feira preparando-me para ir à missa na Candelária pela alma de Jango. Aqui foi uma tristeza, mal-estar de consciências culpadas reprimidas. E com sua morte acaba-se o ciclo: ficamos, nós, a geração janguista, sem pai. Aqui, dizem as bichas de Ipanema: – Carter ou Geisel? Eu fico com Geisel na época Magalhães. Anistia vem aí, talvez pra 1977. O país não é o mesmo, são 22 países. O grande país é São Paulo.

Espero vagamente filmar *A idade da terra*, quer dizer, apenas essa vaga espera, logo, caso haja uma oportunidade concreta a partir de março, depois do carnaval, estou disposto a daqui saltar porque por aqui, com a crise econômica, a censura, o baixo nível geral, não tem futuro grandioso!

Viveremos, isto sim, na lenta distensão gradual sociopolítica nacional parassocialista do Geisel, caso ele continue. Politicamente poderemos chegar a uma democracia *alla brasiliana* em 1978: a única solução é conquistar 80% do país virgem. Mas na tradição colonial somente com capital estrangeiro... as velhas esquerdas oficiais ou marginais já eram... trate de voltar o mais cedo possível. Em São Paulo há muita grana, e não sei...

Diga a Luna que não desisti de fazer o Alexandre, que ele se contacte comigo. Diga a Luna que a única coisa que me prende ao Brasil, agora que terminei meus livros sobre cinema (*Cinema novo* e *Cinestética*) e meu romance (*Universo*), tudo já nos editores, foi o fim do *trip* exílio, escrevendo oito horas por dia desde junho, sem um tostão, mas agora chegou uma nova liberação... Logo, caso pinte a Anabasis, o Luna só tem que me enviar as passagens e um tutu pra eu depositar. Me mantenha ao corrente e como estabelecido você estará na transa. Tenho saudades de Roma, te juro que se a Rai soltasse a Anabasis eu me picava logo, aliás não pense em voltar, diga o mesmo ao Marcos (Medeiros), vocês não suportariam a não ser que topassem a selva de São Paulo.

Favor privado: deixei na casa do Barcelloni uma mala contendo alguns escritos literários e importantes documentos fundamentais pra minha cuca. Gostaria que você abrisse com cuidado e sem outras testemunhas e por acaso, havendo portador de confiança, mande. Os papéis não devem vir em mala, devem ser postos em envelopes grandes e trazidos na mão porque tenho medo que se extraviem.

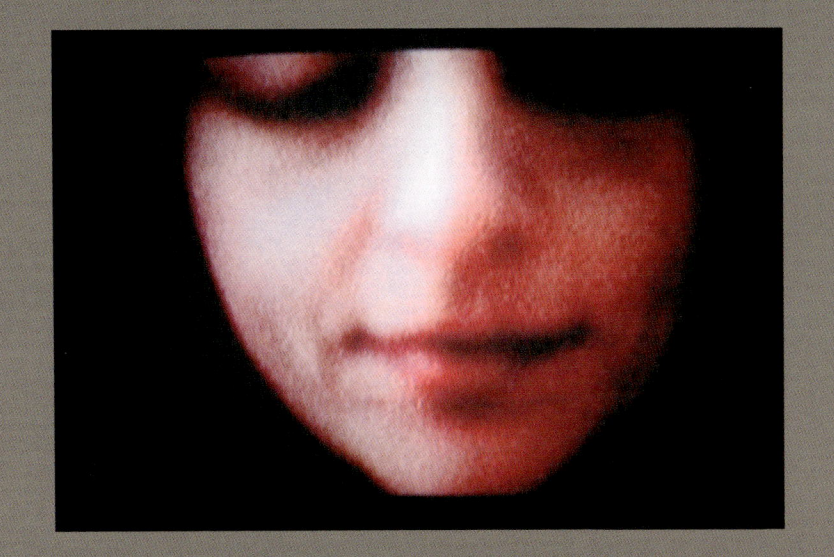

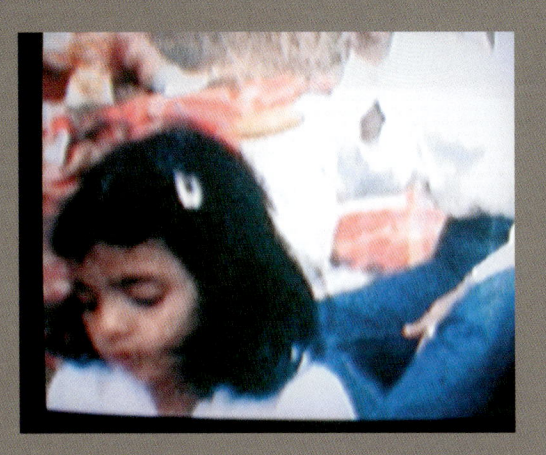

Rio, hoje, não é mais o centro cultural: é um porto decadente, onde só existe um bar a frequentar, o Antonios, cheio de cafajestes ricos... Você não suportaria viver no Rio. Vida caríssima. Qualquer apartamentozinho da Zona Sul está por duzentos a trezentos dólares. Os restaurantes da Zona Sul caríssimos. Você sai do luxo e cai na miséria. A classe merdia fica pobre ou rica, mas os ricos vivem mal porque o melhor é importado. Não tem constituição. Cada um manda como pode. Se morre como sempre, fome ou bala.

O sol e a natureza maravilhosos, e um certo desbunde vindo da pobreza que gera grandeza: assim realmente os brasileiros são mais desbundados que os outros povos e realmente as festinhas daqui, com tempestades de branco talco, são mais pra frente que as europeias: as mulheres, gostosas e desgriladas, fodem gostoso e não querem casar, o que permite a certos homens rica vida afetiva e sexual em *tupy style*...

Não sei o que você achou de *Claro*, mas eu gostei muito do seu trabalho, é uma psicografia de alguns fantasmas latinoamericanos, afinal seu personagem começa como rei da vela em fim de vida, vira cúmplice de um ato terrorista, revista criticamente a história e desbunda numa praia entre o desejo e a realidade. O filme revela *Claro* o outro lado... veredas. Pena que Pasolini não viu porque o personagem de Juliet é filho de Accattone com o Cristo.

Da última vez que estive em Roma não foi possível esclarecer o malentendido surgido aí entre nós, fruto das conspirações do inconsciente... objetivamente não houve nada, grilos meus, de qualquer forma estou sincronizado. Fraquejei diante de você. Tiro o chapéu. Espero as desculpas para remover os últimos grilos que poderiam restar...

Urgente, por favor: pode mostrar este bilhete a Leon. Tendo Zelito me dito que Leon pretendia utilizar trechos de *História do Brasil* no seu documentário sobre o Brasil. Quero transmitir ao querido amigo e colega que não posso permitir isto, porque, psicanaliticamente, investi quatro anos de vida no trabalho e além do mais sou o autor original do tal filme aí realizado agora. Dentro da maior admiração e respeito que tenho por Leon como homem e artista não posso todavia permitir isto porque seria retalhar meu trabalho numa subdistribuição dilacerante. Trate desta questão claramente com Leon, não escrevo porque não sei seu endereço, mas Leon compreenderá, deve compreender, nenhum argumento pessoal político, sexual, nenhum justificará esta utilização. Marcos também, em hipótese nenhuma, deve permitir. O filme nos custou um trabalho muito grande, muitos conflitos, muito mesmo... ainda deverá estar inédito, interditado, como, e não tendo ninguém direito de despedaçá-lo em outras montagens, mesmo nos casos geniais quando se trata de Leon.

esse Godard

[já] não me

fala +

ao pau

Obrigado pela companhia, atenção e tudo mais... considero-lhe um amigo. Bom romance de Antonio Calado, *Reflexos do baile*. Bom filme de Nelson, *Tenda dos milagres*. *Dona flor* uma merda. Paulo Pontes de câncer. Abrace a Barcelloni, Amico, Renzo, enfim, todos os amigos, beijos em Ivan, Tezzy, André e nos amigos da piazza Navona e piazza Campo de Fiori, comunique-lhes que *sono ancora romano, e forse...*

A gíria do momento: é isso aí...

Um beijo e queijo do teu,

que fazemos de <u>nós</u>

(descuidados):

era assimesmo
o caminho
e/ou
foi (nossa!)
mísera
fraqueza

Um quebra-cabeças
André Ristum

Conheci meu pai duas vezes, de formas diferentes. A primeira foi a mais comum, através do contato pessoal, da convivência, desde meu nascimento até o começo da adolescência. Mas esta era a visão do ponto de vista de uma criança, uma visão idealizada, infantilizada. A segunda forma foi após a morte dele, através dos relatos e histórias que os vários amigos e parentes foram trazendo ao longo dos últimos 25 anos. Aos poucos, essas histórias me ajudaram a construir uma imagem mais real, com uma visão mais adulta, entendendo quem foi meu pai.

Mesmo tendo se separado da minha mãe quando eu ainda não tinha dois anos de idade, sempre mantive laços afetivos muito estreitos, convivendo com ele durante toda minha infância, fazendo questão de sua atenção e companhia. Gostava de quando ele dormia em casa e de quando me levava na escola. Minha casa parecia uma festa, com mãe, irmã e dois pais. Lembro da última imagem que tenho dele na minha memória, já muito magro e debilitado por conta da doença que o levou, olhava pra ele através dos orifícios do meu gorro de lã, no Hospital de Nova Iorque. Tinha o gorro enterrado na cabeça como forma de protesto por estar indo embora, voltando pra Itália. Não queria me despedir. Embora não achasse que fosse acontecer algo com ele, talvez tivesse alguma suspeita inconsciente. Ele brincava e tirava um sarro da minha cara, fazendo piadas e pedindo para que o abraçasse. Lembro da sensação deste último abraço. Nesse mesmo hospital tivemos alguns momentos de descontração juntos que marcam minha memória até hoje, como quando soprei as velinhas do meu 12º. aniversario dentro do quarto dele, mas às pressas, para que o alarme anti-incêndio não disparasse, com ele cantando a tradicional música de parabéns em velocidade dobrada. Assim era meu pai, sempre tentando levar a vida com ironia e bom humor, mesmo no momento mais difícil de sua vida.

Após a morte dele, aos poucos, fui construindo um pai diferente, fazendo uma colagem através das tantas histórias, que conforme eu crescia, os amigos foram se sentindo autorizados a me contar. Algumas eram brilhantes, outras nem tanto, mostrando um ser humano com suas qualidades e defeitos. Aos poucos aquela visão infantilizada foi tomando um formato tridimensional e mais humano. Essa colagem de toda forma me ajudou a entender que a maior qualidade dele era uma grande capacidade de seduzir as pessoas.

Convivendo desde criança com cinema e *sets* de filmagem, não tive como escolher outro caminho, indiretamente influenciado na escolha da minha profissão por ele e pelo meu outro pai, Ivan. Em 2005 realizei meu quarto filme, um curta-metragem baseado em cartas que Glauber Rocha tinha enviado ao meu pai em 1976, *De Glauber para Jirges*. Com este filme, sem dúvida o mais pessoal que já fiz, o coloquei na tela, através das palavras de um personagem que simboliza um pouco seu pensamento e de poucos fotogramas em Super 8 que eu mesmo tinha rodado no começo dos anos 1980. Uma homenagem cinematográfica à memória muito viva do meu pai.

Embora tenha falecido há mais de 25 anos, sua presença ainda é marcante, sempre lembrado por todos que o conheceram e que por ele foram influenciados de alguma maneira.

Neste livro, que me permitiu conhecê-lo ainda mais, contamos quem foi Jirges Ristum através de seus escritos e das histórias e relatos dos amigos. Da mesma forma que o conheci, reconstruímos agora este quebra-cabeça.

quem mandou
glaubersocha
(embora)
antes que (eu)
pudesse
entender?

uma baianada destas, o Glauberocha não me
podia fazer vão, este puto. Não é assim que
se morre, +ló' para deixar na gente a confir-
mação da incerteza e da louca inestabilide
de do viver.

demente
insana
doida

Rio Babilônia
Neville de Almeida

Redescobrindo o Brasil

Neville de Almeida

Conheci o Jirges no Rio de Janeiro, apresentado pelo cineasta e amigo Leon Hirszman. Estava chegando da Itália e tinha sido assistente de Rossellini e Bertolucci. Quando Bernardo Bertolucci esteve no Rio comigo um ano antes, tinha falado do Jirges. E quando ele falava do Jirges os olhos dele brilhavam. Então eu pude conhecer o Jirges antes mesmo de conhecê-lo. Eu já tinha ouvido falar dele também por nossos companheiros brasileiros que estiveram em Roma e Londres. O Jirges tinha uma personalidade fascinante porque ele era sensível, delicado, criativo, determinado e elegante. Ele estava sempre com novas ideias e também era um inventor. Com ideias, com sonhos. Logo depois de conhecê-lo eu estava preparando/começando a produção do meu filme *Rio Babilônia*, e convidei o Jirges para ser meu assistente de direção, para ser o meu diretor assistente. Tamanha importância que eu devo ao Jirges por sua cultura, por sua sabedoria, pelo seu conhecimento e pela sua paixão pelo cinema. Ele conhecia cinema profundamente e era uma pessoa extremamente generosa. Sempre pronto a ajudar e a servir. Então uma pessoa com aquele conhecimento, longe de qualquer tipo de arrogância, ou qualquer postura negativa, a não ser a postura de um verdadeiro *artista*, foi quem veio a ser meu grande irmão: Jirges.

Então, dois dias depois de conhecê-lo, ele já havia se tornado meu diretor assistente.

Lembro-me dele na filmagem de *Rio Babilônia*, a gente na favela no Leme. No morro da Babilônia. E de cima do morro estávamos olhando o mar de Copacabana, e a Baía de Guanabara. Em determinado momento no meio da filmagem o Jirges parava e falava:

– Neville, vem cá! Venha ver essa maravilha que é a paisagem do Rio de Janeiro.

– Depois de tantos anos na Europa, eu estou aqui redescobrindo o Brasil. Nesse projeto maravilhoso que é o *Rio Babilônia*.

Então eu vi o Jirges ali, um poeta, sonhador, cheio de emoção, cheio de ideias, era um amigo fascinante. Aquele momento ali, contemplando a Baía de Guanabara, de cima da favela Chapéu Mangueira, no morro da Babilônia, é emocionante e saudosa a lembrança que tenho... Foi um dos momentos mais extraordinários da minha vida. E como eu o admirei, e como eu amei aquele amigo sincero e verdadeiro.

117

Cinema brasileiro tem Jirges Ristum de volta

MIGUEL DE ALMEIDA

Jirges Ristum é um bom contador de histórias. E também um emérito ficcionista. Dificilmente não fantasia os fatos, alguns acontecimentos, inventando personagens. A explicação, se é que se explica a imaginação, é uma só: a fuga do real. É quando ele não consegue abandonar o seu lado de cineasta, de assistente de direção de Rosselini, Antonioni, Bertolucci, Glauber Rocha.

"Ao lado do teatro, e da literatura, o maior inimigo do cinema é o real, o realismo" — diz Jirges.

E como todo contador de histórias, que também possui seu lado de aventureiro, Jirges Ristum tem as suas epopéias. Ao sair do Brasil, há quase quatorze anos, largando a profissão de jornalista para elaborar uma tese sobre Antonio Gramsci, em direção a Roma, ele jamais imaginara que sua vida estivesse tomando rumos tão diferentes. E agora, depois de retornar pelas mãos de Neville d' Almeida, de quem foi assistente de direção em "Rio Babilônia", os planos vão se alterando com as horas. Se prepara para iniciar as filmagens de um curta-metragem tendo como estrela Norma Bengell, que leva um simples nome: "Ela". Aguarda, também, a publicação de um livro de poesias bastante inusitado: "Guardanapos Escolhidos". São poesias escritas em guardanapos de bares enquanto o incauto romântico — no caso, Jirges — aguardava, por horas, a sua musa.

A literatura e o cinema sempre estiveram mais ou menos enroscados nas mãos de Ristum. Como ele mesmo confessa, possui certas veleidades literárias. E não há muito tempo, escrevendo roteiros ou argumentos para cinema, cunhou a expressão "cine-conto". Que também é um estilo de narrativa. Pegando do cinema a agilidade da descrição, os cortes bruscos, até a simultaneidade, Jirges jamais cria um argumento para um filme sem acrescentar os elementos poéticos, literários. O "Folhetim" do próximo domingo publicará "Acerta-a-Mosca", um texto que é também um argumento para cinema.

"Meus argumentos, na maioria das vezes, são feitos sem diálogos" — diz Jirges. "Em "Ela", por exemplo, que vou fazer com Norma Bengell, criei uma situação emblemática sobre um tema que gosto: a mulher. Porque tenho um interesse acentuado pela problemática da mulher em geral e em particular, também"

Os cine-contos criados por Jirges obedecem uma composição, não só técnica como estilística. Ele busca na linguagem uma forma de visualizar, pelas palavras, as cenas que serão captadas mais tarde pelas câmeras. E, ao descrever os movimentos dos personagens, ao puxar os olhos do leitor, planifica a ação baseado na técnica cinematográfica. Assim, quando a atenção deve estar somente sobre certa parte do corpo, por exemplo, trata de colocar no texto recursos narrativos que não mostrem nenhum outro detalhe.

"Os textos têm cortes, possuem mudanças rápidas na ação — vai contando Jirges. Existe também uma certa respiração, as pausas, as rupturas. Porque eu quero que o texto também sobreviva como obra literária, e não apenas como argumento para um filme. A fita existe apenas na minha cabe-

O cineasta (de óculos) ao lado do diretor Neville de Almeida.

Com Antonioni, muitos projetos

A experiência no cinema italiano foi bastante rica. Começou quase sem querer: Jirges trabalhava na RAI e foi cobrir a chegada dos quarenta brasileiros permutados com o embaixador alemão. Não se limitou em escrever o texto, mas quis filmar as cenas, mostrando a situação dos exilados. Pronto o material, batizado de "Passaporte Diplomático", sua exibição provocou uma retaliação por parte do governo brasileiro.

"Como eu filmei uma menina baleada na perna — conta Jirges — houve repercussão da matéria. O resultado foi que fiquei sem passaporte para voltar. Tive de ir-me virando pela Europa."

E se virou bem, o rapaz. Tratou de abandonar o jornalismo, cair no cinema. Pensou que seria documentarista, especialmente depois de assistir ao trabalho de Antonioni sobre a China. Mas teve um problema, de cara:

"Eu não podia ser documentarista, pois era ficcionista em todas as situações. Qualquer coisa que criasse saía ficcional."

Em pouco tempo começou sua carreira como assistente de direção ao lado de Antonioni ("Mistério de Oberwald"), Bertolucci ("La Luna"), Glauber Rocha ("Claro"), Rosselini

("Ano Hum"), além de muitos projetos ao lado de Antonioni, que, por vários motivos, não deram certo.

"Com Antonioni fiz muitos projetos, viajamos muito, numa convivência diária por vários anos. Se os filmes não saíram, nem importa. Seria uma excrescência."

Mas foi ao lado de Glauber Rocha, que o chamva de "o maior cineasta não revelado", que Jirges passou os melhores bocados: "Claro", produção de 75, ainda inédita no Brasil, foi feita em doze dias.

"E não fui só assistente de direção, mas ator também. "Claro", na verdade, é o pai de "Idade na Terra". Glauber continua com aquela sua oralidade de Antônio Conselheiro, é algo muito bonito."

De volta ao Brasil pelas mãos de Neville de Almeida, Jirges terminou há pouco as filmagens de "Rio Babilônia":

"Pra mim foi um choque o filme. Estava fora do Brasil há quatorze anos. E íamos a muitos lugares diariamente, de uma boate da Zona Sul ao morro, da Zona Norte a uma cobertura na Lagoa. E filmar com Neville foi ótimo. Ele era o diretor que Glauber mais respeitava na nova geração. É um filho viril do Cinema Novo."

ça. Mas pode existir como texto de criação."

Ao escrever um cine-conto, ou ao pensar num argumento para cinema, Jirges Ristum jamais abandona uma mania. Ele é incapaz de criar uma história na qual a mulher não surja como catalizadora da cena dramática. Seus textos, suas idéias, sempre trazem a presença feminina desestruturando a narrativa, provocando modificações, enfim, polarizando a ação da narrativa.

"Como sou pós-freudiano e pósmarxista e antiplatônico e antiaristotélico — conta Jirges — procuro imaginar as histórias sem censura. A mulher é muito forte no meu trabalho; não consigo criar qualquer história em que ela não tenha um papel fundamental, decisivo. Procuro enxergar o mundo pela ótica feminina. Por quê? Ela possui uma maneira de exprimir o

mundo que o homem não consegue expressar — isso em toda a humanidade."

E foi a presença feminina que novamente provocou os guardanapos poéticos. Segundo Jirges, eles nasceram da espera. De esperar a mulher amada. Enquanto ela não vinha, mergulhado em variados humores, ele escrevia poemas, pensamentos, pequenos hai-kais, revelações que surgiam na mesa do bar. Jamais pensou em publicá-los até que os amigos insistiram na qualidade do material. Nasceu assim os "Guardanapos Escolhidos".

"O livro deve sair em breve — conta Jirges. Serão quase 130 hai-kais, poemetos. É uma coletânea com os temas falando de amor, alegria, muito tédio, sempre uma situação específica da minha vida. Como são saques de momento, são reflexões, trazem uma avaliação da realidade.

Então a minha homenagem ao Jirges, o grande diretor, o poeta sonhador, o nosso querido Turco, a quem eu falava:

– Jirges você manda. Você é o nosso Turco. Você é o sultão do nosso
Rio Babilônia!

Querido Jirges:

Você se foi cedo... Mas faz muita falta...

Nós todos fomos iluminados com a tua luz, com a tua sensibilidade.

Onde você estiver você vai estar bem porque você é o nosso Turco.

Mais do que uma benção ter feito o filme *Rio Babilônia* foi tê-lo feito
com o inesquecível amigo Jirges. Um memorável artista, um perfeito profissional, um amigo inesquecível. Muitas saudades ficaram...

PÁ

PUM !

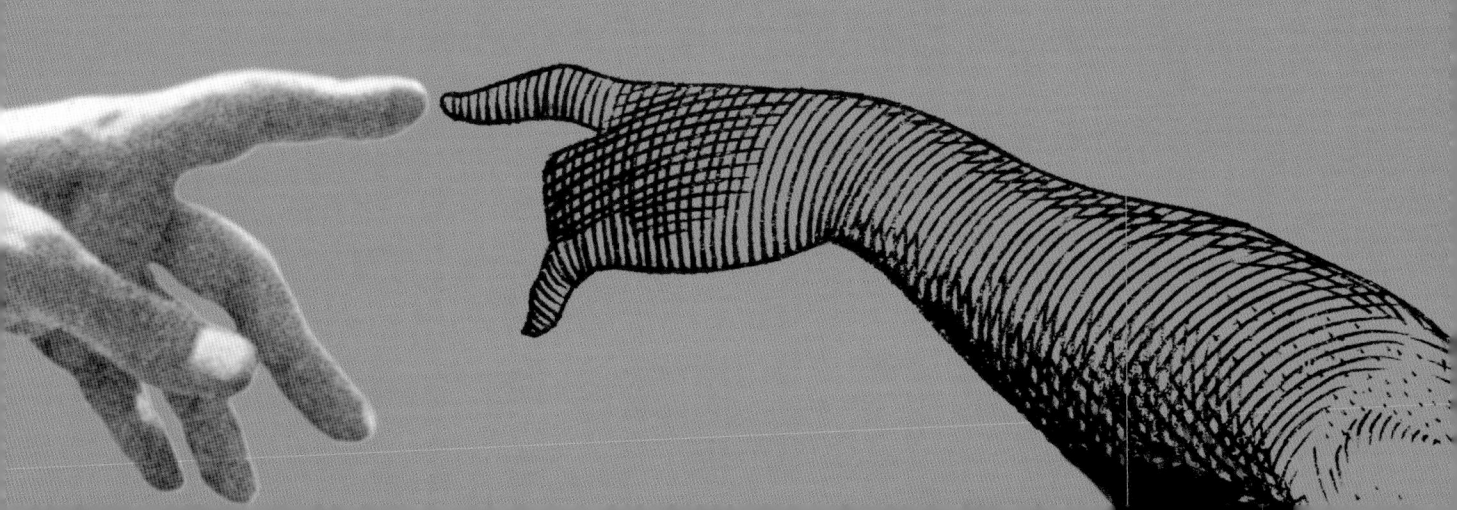

O meu amigo Jirges

Lulu Librandi

Jirges, que saudades... O conheci desde meus tempos de ginásio em Ribeirão Preto. Sempre engraçado, pertencia à roda dos líderes da escola – Roberto Müller Filho, Ferez Sabino, João Orlando Cunha. Eu, repetente duas vezes da 1ª série, caminhava de olho nas pessoas inteligentes e com liderança política.

Mas parti para São Paulo e, para surpresa minha, soube do casamento do Jirges com a Tezzy Jemma, menina de família burguesa, cheia de preconceitos, e que preconceitos. Soube mais tarde que partiram ou fugiram para o exterior por conta da ditadura militar que na época perseguia, torturava e prendia.

Também acabo sendo presa em 1970 e de repente fui acometida de uma vontade desesperada de deixar o país – aliás, era famosa a frase " ame-o ou deixe-o". Optei por deixar. E parto de navio para Roma levando minha filhinha de seis anos, a Marília.

No parque do Gianicolo me encontro por acaso com a Tezzy, com o André pequenino e a Dadá por nascer. Tezzy já separada do Turco, que a traiu, e vivendo já com o Ivan Isola.

Daí por diante, naquela Roma ainda provinciana e linda, começa uma convivência com os chamados *profughi*. Refugiados tanto brasileiros quanto argentinos, chilenos, oriundos da ditadura na America Latina. E o Turco, íntimo da casa de Ivan e Tezzy.

Jirges, o nosso Turco, apelido adquirido em Ribeirão Preto, era muito divertido, irônico, namorador e eterno dependente daquela casa, como ele chamava da "mamma Tezzy", que cozinhava *pasta*, para ele e todos. Lembro-me do Turco que comia as bananas todas da casa. Bananas que vinham da África e eram muito caras.

Lembro-me do Turco com o Glauber Rocha, com o grande cineasta Bernardo Bertolucci, desfilando sempre ao lado de lindas mulheres. Do Turco com frei Oswaldo Rezende.

Passados dois anos, vim-me embora e com a anistia chega o Turco, depois de tantos anos fora do país. Cheio de planos. E na chegada da famosa abertura ele foi trabalhar em cargo de confiança na Secretaria de Estado da Cultura, com o dr. João Pacheco Chaves, Rudá de Andrade, e o presidente do clubinho (Clube dos Amigos do Museu de Arte Moderna de São Paulo), Francisco Luiz de Almeida Salles. Um dia perguntei ao secretário dr. João como iam todos. E ele me respondeu que quando um acordava o outro

dormia (Rudá e o Presidente), pois todos bebiam na hora do almoço. Menos o Turco que queimava fumo no banheiro da Secretaria e tomava Coca-Cola. Seu maior projeto era trazer pelo Museu da Imagem do Som, sempre com o Ivan, é claro, o Michelangelo Antonioni.

De repente o Turco aparece com leucemia. Ficamos todos arrasados. Mas o Turco, sempre de bom humor, andando de um lado e do outro, rodeado de amigos, firme e esperando a cura. Cura esta que ele sabia que nunca haveria.

Lembro-me que fui visitá-lo no Hospital do Servidor. Lá, o Turco, deitado na cama, com o Neville de Almeida entre outros, sempre engraçado, falando sem parar, fumando maconha e outras *cositas más*. Eu ficava apavorada, pois ele mandava trancar a porta. Genial, genial. Que tempos bons aqueles que o Turco nos proporcionava.

Roberto Müller, que era à época todo-poderoso, homem da Gazeta Mercantil, conseguiu mandar o Turco se tratar em Nova Iorque, no maior hospital da época, o Memorial Hospital.

O Turco, que vivia de moradia dos amigos, veio para minha casa. Que reboliço. Eu saía para trabalhar na Funarte e ele enchia minha casa de gente, dos amigos, da última paixão, a Dorene. Tezzy, que havia voltado para Roma, ligava, como sempre quase que diariamente, preocupada com a situação da doença. Assim passávamos todos juntos, com o Fernando Falcão, com o Pedro D'Alessio. O meu telefone não parava e até o Bernardo Bertolucci telefonava. Minha filha um dia o atendeu e quase morreu de susto por ter falado com um cineasta tão importante.

André, adolescente, veio por lá também. Dormíamos todos no mesmo horário, nunca antes das 2h da manhã. O Falcão acabou morando um pouco por lá e Turco aguardava a partida para Nova Iorque, até que chegou o dia da partida e ele, pobre, não queria de forma alguma partir. Quase perdeu o avião e acabou provocando um grande atraso no horário de partida. Foi-se para sempre deixando um vazio em mim e no Falcão.

Tínhamos esperança, mas sabíamos que o caso dele não tinha cura. Até o dia da morte. Eu e um amigo e funcionário da Funarte junto com o Paulo, seu cunhado (a quem ele detestava, por ciúmes da Juçara, sua irmã predileta), fomos buscar o cadáver no aeroporto de Congonhas. Lá estava ele lindão, maquiado à moda dos defuntos americanos.

O Turco foi velado um pouco no Museu da Imagem e do Som e enterrado em sua terra natal, Ribeirão Preto.

O que mais me deixou saudades e que mais marcou o Jirges na minha vida foi a comunicação diária que ele tinha com todos os amigos. Ligava pra

ponte sisto
" " " garibaldi

fevere

olhando, assim
(pinhos)
não era minha
aquela lição
de latim?

gente no mínimo três vezes ao dia. Hoje, na era dos celulares, acho que ele teria uns três ou quatro.

O que fica em mim, como sensação, nesta minha trajetória de uma amizade querida e profunda, é que hoje ele não poderia de forma alguma participar deste mundo. Sua época era aquela, e não a que estamos vivendo na era da informação rápida, ligeira, que não deixa fluir uma ligação forte entre ninguém.

Saudades profundas do Turco. Ai, ai, meu Deus, quanto nos divertíamos e como éramos felizes!

Turco nunca poderia ser velho, e Roma não existe mais.

Turco morreu sem trazer o Antonioni, sua paixão.

Lulu Librandi

ou

Maysa para o Turco.

Vir ver Jirges

José Antonio Barros Freire

Lá em casa, na mesa com tampo redondo de mármore branco, Jirges escrevia um texto que seria publicado na *Folha de S.Paulo* com o título: Cine/Conto.

A fumaça azulada do Cohiba que me foi presenteado pelo cineasta Thomas Gutierres Alea durante o Festival de Cine Latino Americano de Havana, inspiravam a conversa sobre "La Isla" e a iniciativa de Fidel, que havia criado o Instituto Cubano de Arte e Industria Cinematográficas (ICAIC), responsável pelo desenvolvimento da excelência cinematográfica dos cubanos na arte de realizar documentários.

Em São Paulo, no Rio, na Bahia, em todo o Brasil, cineclubes, museus da imagem e som, cinematecas, mostras e festivais se transformaram em trincheiras da resistência, com ideias, roteiros, curtas e longas-metragens.

Leon Hirszman, Cacá Diegues, Eduardo Coutinho, Silvio Tendler, Renato Tapajós Cosme Alves Neto, Thomaz Farkas, Denoy da Oliveira, Guido Araújo, Glauber Rocha, Alex Viany, João Batista de Andrade, Gofredo da Silva Telles Neto, Sérgio Muniz, Joaquim Pedro de Andrade, Carlos Augusto Calil e tantos outros cineastas e fotógrafos brasileiros-herdeiros de Paulo Emílio Salles Gomes e Rudá de Andrade que, armados de forma heroica e romântica com suas câmeras, textos e ações, documentaram aqui, a partir de 1964, a Memória do Brasil nos tempos das amargas rapaduras.

Naquela noite silenciosa, "Sem lenço e sem documentos, sem nada no bolso ou nas mãos", e como "Dois perdidos em uma noite suja" saímos de casa, sentindo que "navegar é preciso" e alimentar-se também. A caminho da rua Augusta, paramos em frente à sede do ILAM (Instituto Latino-Americano), mais um legado ao Brasil do inesquecível estadista e paladino da democracia no Brasil, André Franco Montoro. E Jirges falou com entusiasmo sobre os libertadores Simón Bolívar e José Martí.

Enquanto andávamos, recordou os tempos em que esteve ausente do Brasil e dos inúmeros amigos. Dos de lá... Dos que ficaram... Dos que caíram e se foram... Do Glauber, hóspede em sua casa na Itália, escrevendo cartas para o Alfredo Guevara em Havana. Falava carinhosamente do seu amado filho, o garoto André, da nossa amiga Dorine Tenzer, mulher-menina que habitava seu ser na razão da noite e no delírio do dia.

Chegamos ao Spazio Pirandello onde a hospitalidade de Antonio Maschio e o carinho de Wladimir Soares eram uma constante. Nos corredores, exposições de artistas plásticos. Na Calçada da Fama, alguém eternizava suas mãos no cimento fresco. No subsolo, a Livraria Capitu.

Em nossa mesa com toalha de renda, saboreamos um jantar e duas jarras de vinho em homenagem a todos os deuses. Com o burburinho de mil vozes e na arte do encontro, a conversa se colocava em dia.

No tilintar das inúmeras comemorações, criamos coragem para dizer ao Wladimir – na boca do caixa – que estávamos sem um níquel e "penduraríamos a conta". Wladimir, sorrindo com os olhos e procurando os papéis no caixa, falou que alguém – e ele não sabia quem – já havia pagado o nosso jantar.

Toninho, o gerente, serviu mais um licor dizendo que nossa conta havia sido paga por "aquela linda morena que tem uma agência de empregos e vem aqui, de vez em quando, com aquele importante senador do Amazonas". Insistíamos para saber quem era a "boa alma". Wladimir, também surpreso, ouvindo os vivas em homenagem à valente Dulce Maia e entre atender um cliente e outro, nos mostrou o carimbo na comanda: Pago.

Assim é, se lhe parece.

Uma noite inesquecível!

O Pirandello, restaurante instalado em um casarão que pertenceu ao Oswald de Andrade, era um espaço democrático que reunia pessoas surpreendentes: gente de cinema, teatro, música, literatura, circo, jornalistas famosos, políticos, sociólogos, filósofos, senhoras e senhoritas mui gentis, que colecionavam autógrafos. Lugar sagrado que abrigava todas as aves. Menos as arapongas.

Foi o coração de São Paulo na década de 1980.

"Vem, vamos embora, que esperar não é saber".

No Pirandello, um palanque político. Ali, o movimento e o amarelo das "Diretas Já!" Praça da Sé! Pacaembu! Candelária! Depois por todo o Brasil!

Quem viu... viveu!

Pelas 2h da madrugada, felizes e bem-alimentados, vimos algo que nos surpreendeu. Havia, em cima de uma cadeira, (que pertencia às mesas antes ocupadas por um grupo de sorridentes turistas japoneses) um maço com notas de dólares. Muitos dólares!

Instintivamente, o Jirges e eu nos posicionamos na frente da cadeira, para que ninguém visse o nosso "achado". Ainda em pé, disfarçando, continuamos quietos. Lá na frente, Maschio fazia um alegre sorteio de lindas gravatas francesas. Nas mesas próximas, Mário Prata, Marco Nannini, Elifas Andreato, Ignácio de Loyola Brandão, Silvia Popovic, Cláudio e Sérgio Mamberti, Fernando Morais, Ruth Escobar, Lulu Librandi, Irene Ravache, Airton

Soares, Raul Cortez, Miriam Muniz, José Celso Martinez Corrêa, Osmar Santos e o pessoal do querido Mario Covas, reeleito deputado federal com a dignidade de trezentos mil votos.

O Jirges, passando delicadamente a mão no bigode e sem me olhar, sussurra:

– E agora, José? Pego eu ou pega você?

No mesmo tom, vagarosamente, respondi:

– Fique à vontade. Eu até dou cobertura. Mas, sinto que não devemos pegar.

– Como assim Barros?

– Jirges, seu Deus já foi muito bom para *nosotros*. Fez com que uma boa alma pagasse nosso jantar! Fomos abençoados! Além disso, você sabe a terrível punição que está escrita no Alcorão para aqueles que se apropriam daquilo que não lhes pertence...

Em silêncio cofiou o bigode com o polegar e o indicador e disse com sorriso aberto:

– Tudo bem "Frei Barros".... Concordo... Que fique aí para a próxima boa alma. Certamente estará precisando mais do que nós. Porém, quero que você me faça uma gentileza: Jure! mas jure, mesmo, que não contará isso para ninguém. Principalmente para os meus amigos que moram na Itália!

Descemos as escadinhas do Pirandello – "Um prá lá, dois prá cá" – seguindo pela neblina que cobria a madrugada da rua Augusta. A frase de Mário de Andrade "Oh! Este orgulho máximo de ser Paulistanamente" chamou conversa sobre as revolucionárias, maravilhosas e sensuais Tarsila do Amaral, Pagu e Anita Malfati.

Eh! Pagú Eh!

Entramos no Bar Riviera na esquina da av. Paulista com av. Consolação.

Lá, o amigo, maestro e poeta, Fernando Falcão, encantava uma namorada de incríveis olhos azuis, batucando sons que faziam parte do seu disco de percussão *Memória das Águas*.

Mais tarde assinamos o ponto no Posto 6 , bar dos irmãos Milam. Na saída, ouvimos e cantamos com o amigo Joca, o finalzinho de *O bêbado e a equilibrista* eternizado por Elis Regina.

A esperança equilibriiiista
Sabe que o show de todo artiiiiista
Tem que contiiiiinuuu aaaar!
Bacio Jirges
Valeu!
Andiamo via!

Abaixo-assinado
Ana Brisola

Se tivesse um abaixo-assinado contra o Jirges, eu assinaria.
Se tivesse um abaixo-assinado a favor do Jirges, eu também assinaria.

nunca tive
desses problemas
com os outros
são os outros
que têm desses
problemas comigo

Vi em Paris tua boina com tua estrêla sôbre modernos hot-pants
tua barba, comandante, encontrei-a em lojas, botoes e pratos
tu eras uma chama pura em vida
agora, por'em, te transformaste em fumaça.

porém

porém

porém

porém

também

Um famoso cantor de boleros

Miguel de Almeida

Ali, por 1982, eu tinha uma linda namorada chamada Sara – loira, lábios carnudos sempre pintados de vermelho, gosto por roupas pretas, com um sotaque que misturava o acento nordestino ao francês (tinha morado em Paris nos últimos dez anos, para onde fora nos seus 17 anos). Era restauradora de obras de arte (estudara em Florença) e tinha um ateliê num pequeno prédio da rua Lisboa, junto com algumas amigas, todas lindas.

Uma tarde, saindo da *Folha*, onde eu trabalhava, esbarrei no meu amigo Jirges Ristum, num boteco das redondezas da Barão da Limeira. Pensando bem, por que o Jirges se encontrava naquele pé sujo ainda é uma incógnita. Gritou meu nome, olhei, não vi ninguém conhecido, segui adiante. Outro grito, agora mais forte.

– Porra, sou eu, Jirges, não está me enxergando?

Não estava. Um lusco-fusco, provocado pela má iluminação do ambiente, escamoteava suas feições. Ele estava sozinho, encostado no balcão, com um de seus indefectíveis entre os dedos. De jaqueta preta de couro, com uma echarpe em volta do pescoço, logo gargalhou:

– Acho que você precisa usar óculos... está indo para onde?

– Até o ateliê da minha namorada – respondi.

– Onde fica?

Ingenuamente, respondi:

– Perto da praça Benedito Calixto, na rua Lisboa.

– Sabe, acho que vou junto com você.

Jirges Ristum me fora apresentado na *Folha* por Odon Pereira, meu amigo querido, então secretário de Redação do jornal:

– Olha – me disse Odon, depois de me chamar à sua sala –, lá fora está o Jirges, Jirges Ristum. É um amigo que está voltando da Europa. Ele trabalhou com esse pessoal do cinema que você adora. Quero que você faça uma entrevista com ele. Tenho certeza que vocês se tornarão amigos.

Ao sermos apresentados, de cara achei o sujeito engraçado: falava rápido, tinha um olhar circulante, atento a todos os movimentos, além de um humor cáustico, porém elegante. E me cativou de fato: contou suas histórias com Bernardo Bertolucci, de quem fora assistente, no soberbo *La luna*, de Michelangelo Antonioni, em *Mistério de Oberwald*, de Glauber Rocha, em *Claro* e do projeto que deveria levar a cabo em breve, transformar em livro seus poemas anotados em guardanapos. Certa musa o levara a tanta espera

132

que o resultado fora mais de duas centenas de versos telegráficos rascunhados em papel de boteco.

Com o tempo, conhecendo-o melhor, percebi: aquilo era a cara dele; a sua urgência, sua insatisfação, fazia com que *insights*, breves anotações grafadas em mesas de bar, contivessem alta densidade e rascantes observações. Ele não era do tipo de se sentar para escrever um livro de centenas de páginas – sua comunicação se dava pelo ritmo frenético das paráfrases, de haicais construídos com neon, de sinapses capturadas à meia-oração. Por isso, guardanapos funcionavam à semelhança de bilhetes postos em garrafas jogadas ao mar com mensagens cifradas de quem caminhava muito rápido.

E todo esse frenesi o tornava um tipo engraçado, com a admirável capacidade de fazer amizades as mais diversas. Era amigo de Claudio Abramo, de músicos doidões, de comunistas, de anarquistas, da Ruth Escobar, de políticos conservadores como João Pacheco Chaves, com quem foi trabalhar na Secretaria de Cultura do governo Montoro, de Rudá de Andrade e do meu querido Francisco Luiz de Almeida Salles, presidente vitalício do lendário Clubinho dos Amigos do MAM. E do Neville.

Agora estava querendo me acompanhar ao ateliê da minha namorada. Ofereceu-se, não aguardou minha resposta e já colocara alguns trocados no balcão para pagar sua despesa. Tudo muito rápido.

– Nós vamos como? De táxi?

Quando percebi, estávamos os dois entrando num encardido fusquinha dublê de táxi rumo à rua Lisboa. O ateliê ficava no segundo andar de um prédio não mais que ordinário, com venezianas de alumínio e um porteiro nordestino de um mau humor quase contagiante. Como sempre, me olhou de soslaio e deitou olhos fixos sobre a figura de Jirges Ristum – aquela echarpe caía-lhe muito bem, dando-lhe o ar de um proprietário de camelos no deserto egípcio. Não foi o que achou o porteiro:

– Esse aí, quem é? – me inquiriu, cortês.

– Meu amigo Jirges.

– Olha, moço, não quero bagunça no prédio – arrematou, olhando direto para o vasto bigode de Jirges.

Interessante que eu tinha na época vinte e poucos anos, metade da idade de Jirges. Naquele tempo os porteiros, sabe-se lá por conta de qual alquimia autoritária, talvez inspirados pelos estertores já anunciados do regime militar, tinham o costume de se arvorar em maiores autoridades.

– Moço – me disse o porteiro – o senhor me diga o nome certo do seu amigo aí.

– Já disse: Jirges – e repeti, escandindo as sílabas: – Jir-ges Ris-tum.

– E isso é nome?

– Nome artístico. Ele é um famoso cantor de boleros.

Subimos. Sara logo atendeu ao toque da campainha: eu estava atrasado mais de uma hora. Por sorte Jirges estava ao meu lado e fui salvo da incelença pernambucana, rosário de recriminações por meu desrespeito contumaz ao relógio.

Àquela hora Sara e as amigas, também restauradoras, já haviam encerrado o trabalho. Rapidamente Jirges começou a conversar com duas delas, no fundo da sala. Fui com Sara para a cozinha, beber água, onde ficamos algum tempo, até que resolvemos ir embora. E Jirges? Disse que ficaria um pouco mais. E piscou o olho.

No dia seguinte Sara me contou que já passava das 10h da noite quando o porteiro subiu ao ateliê e ameaçou chamar a polícia caso não abaixassem aquela música alta e terminassem com aquela festa.

– Esse seu amigo é da peste – sentenciou Sara, com seu sotaque franco-pernambucano, dando risada.

Mal sabia ela.

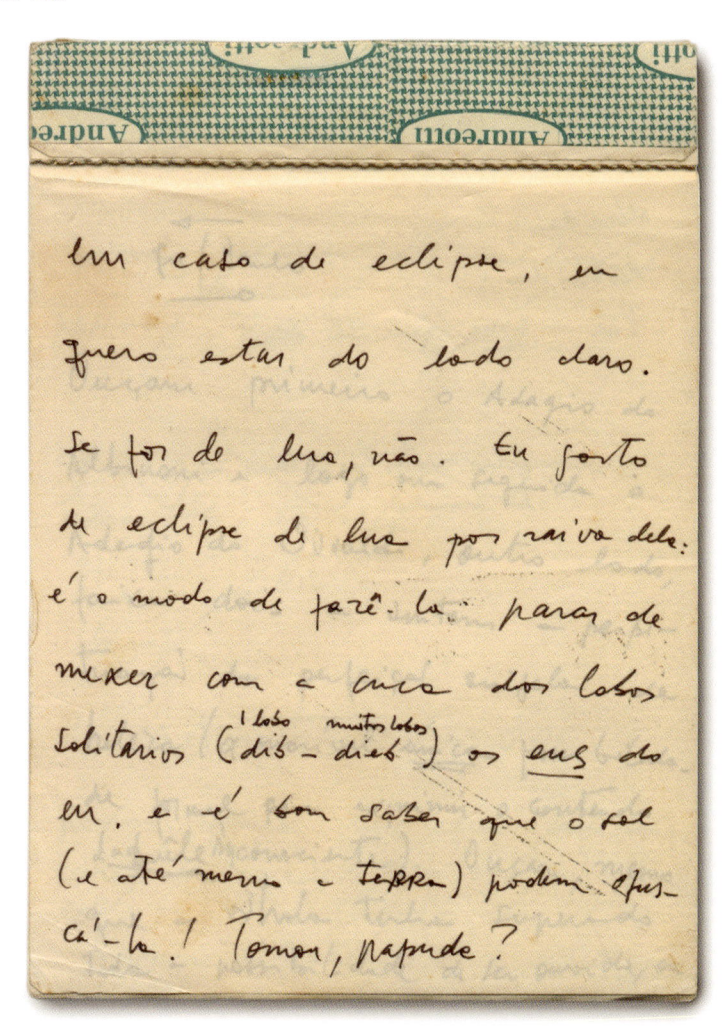

Acertar-a-mosca
Jirges Ristum

Era índio-moço/ambição e quis se tornar grande ar¬queiro. Busca/procura mestre-arqueiro, que lhe diz—primeira coisa a aprender é não-bater-mais-cílios. Que a vida lhe seja farta/fértil, agradece, s'inclina/toca-peito, coração.

Por três anos se exercita esse moço/homem. As pál¬pebras tinham se esquecido, já, do instinto/músculo de fechar-se, abertas até-mesmo-ao-dormir, quando agora-homem se apresenta, de novo, ao mestre. E, logo confirma — deve aprender a OLHAR; se conseguir EN¬XERGAR uma coisa minúscula, do tamanho de uma montanha, volte a-mim.

O homem amarra com fio-de-cabelo/mosca e se posta diante a fixar só/fixa/mente: ela. Passados três dias era ainda a mosca. Porém, depois, três semanas após, esta-va grande como borboleta/flor/gafanhoto. Final do ter¬ceiro ano, ele via mosca tão-maior—um tapir. "Conse-gui", pensou o homem, (sentiu-se) iniciado.

Saiu/seguiu-caminho e as pessoas lhe pareciam árvo¬res, as capivaras colinas, as antas serras. Assim trei¬nou/esmerou muitobem seu olho que podia centrar qualquer alvo. Mais: acertar/colocar uma segunda fle¬cha no término da primeira, uma terceira na extremi¬dade da segunda, e daí-afora, até que entre o alvo e o ar¬co se formasse uma linha-compacta de flechas enfiadas umasnasoutras. Ponto àquele chegado, pens-consciente, duvida... Para vir-a-ser o maior arqueiro, mestre-arqueiro-de-todos, deveria eliminar o próprio (seu) mestre/guia.

N'uma tarde, luz obliqua tange/tinge, estando pelo prado/periferia da aldeia, notou o antigo mestre vindo em-para-si. Rapidíssimo, desperta/arco/levanta e o tomou na mira.

Percebendo (pré-sabendo) o movimento, por sua vez, o mestre empunha/embraça o arco para responder/re¬vide.

Duelo-de-morte: a precisão do tiro é tal, de parte e ou¬tra, que as duas flechas se encontram no-meio da trajetória. NO AR. E caíram (ambas) por terra. "Como?" Somos tantos os grandes arqueiros, neste mundo!, e o (já) então grande arqueiro virá-a-saber de um mestre ainda-melhor que o primeiro. Velho/índio-iluminado. Santo/sábio/supremo, era O-perfeito.

Encontrá-lo em seu hermo/solidão, alto de um monte, é tarefa-que-pede três anos, luas-contadas. Selva-rios-distância. Pacientespera. Sacrifício/vontade/certeza.

Se apresenta atirando n'uma revoada de pássaros es¬pantados/espalhados que revoam, atravessa/matando sete deles, única flecha, um tiro apenas. Aos-pés dos dois. O velho contempla sorri. Generoso/generumano, compreende.

Voa/passa uma garçaltíssima, o mestre põe uma fle¬cha invisível n 'um arco também invisível/inexistente e a alcança/abate/derruba, inexorável chão. Espantode-clamar! Completa/comenta, língua de boca-que-nâo-fala/transmite: enquanto depender arco/flecha para atingir o alvo (e usar olho para VER, não será preciso, nunca será arqueiro, na verdade nem será.

Age em-neste-tanto; com o dito, feito/findo. Deciso — seguro — o velho mestre assume de força das mãos do recém-chegado, o arco (ora não-jamais necessário) e o rompe/destrói, mandando pedaços quase-brutal ao precipicio-não-vejo-fundo, lá, alma/âmago do mundo.

Indica mesmo gesto, completo O-sublime, lugar-único que ocupou/possuiu/ serviu por tantas es¬tações/gerações, quantas? E da vida se ausenta afastando-se/adentrando destinos misteriosos sagra¬dos/segredos novos-novos da floresta. Natureza só com ele intima, na razão de abrir passagem afastar galhos, indio-velho, imperioso/intima/ensina real-posto onde estivera sempre, longe dos homens para melhor enten¬der sua poucamente fraqueza-banal angústia, a medi¬tar consolação (se há) nesta visão infinita de verde ver¬de verde, águas grandes, gritos cantos urros, morte e vida. Putrefato nascimento: até o fim, até quando o pró¬prio SOL, à espera dos-que-virão, um dia, quem sabe (e-lemesmo), não comece a se apagar/envelhecer.

FOLHETIM, 11 de julho de 1982

Santuário

Jirges Ristum

SEQUÊNCIA 1—Partir hoje é-já incerto/obscuro amanhecer

SEQ. 2— Embora não fosse este o tipo de mensagem que Cláudia pudesse mandar, CLAUDIA (quase) não se espantou muito. Saber/admitia que, desde-uns-dias, alguma coisa estava acontecendo, fora-controle. Difícil detectar, ver/ouvir/tocar/cheirar, que se PERCEBE apenas: Inútil negar, também, o rondar latente do não-dito-mas-sabido: não demora tanto, a crise alcançaria seu mais agudo cume, o mais delicado e, quem sabe?, decisivo. E CLAUDIA que, todavia, chegara mesmo a confiar, se aborrece/entedia.

SEQ. 3 — Cláudia, afinal, apesar de recém-criança, tudo sabia da pequenez do mundo — a impureza do homem e a, dela, intocabilidade, mensal — e prova/profunda/pena ao interiorizar total impossibili¬dade/e/ou incapacidade!) de o generumano HUMANIZAR-se, aumentar/crescer, sem¬pre, tentativa/viver. Por que? Só viver lhe bastaria, querida Cláudia, um NÃO ao com¬promisso, empenhos há-penas. E o fato de ser ela capaz de amar/assumir, sem-culpas, a simesma, lhe dava uma solidez que ne-nhum-nada poderia atacar/contrariar, tão-perdida na certeza do seu destino. Não (lhe) bastariam mais, agora, prazeres menores, os acertos e arranjos, falsidade-da-comodidade.

SEQ. 4 — CLAUDIA encontrou-se com Cláudia pela primeira vez n'um café e atração-contato/simples-imediato. In-quietante. Logo descobrem que não têm somente nome em comum. É visível, em-patia. Cláudia, dezesseis anos, jamais se questionará diante de sua diversidade. Era assim, toda-vida foi, pronto! Fácil explicar-se com alguém que realmente está com você.

SEQ. 5 — Talvez não haja muito tempo, eu-sou-MULHER, cansei-me de deplorar, de "desculpes-me", perdões. Sou velha para mimesma — soma/sobra de tudo o que fui e não — exijo respeito. Pelo amor, basta. Cláudia erra por si, se quiser. Eu vou tentar até que possa. Assim, CLAUDIA caminha pela sala semi-escura, mortiça na luz fu¬gidia da tarde/desmaio, versos-de-adeus en¬tre mãos pálidas.

SEQ. 6 — CLAUDIA revê seu marido, ela fica com o menino, é claro. A discussão nem dura muito. Ele também, n'outras, não aparentava necessidade de reagir, alheia toda a vontade de justificar-se, repetir-se, aos-olhos-de-quem pouco tinha procurado, no fundo, entender. CLAUDIA sabia, calava-se. Ele, silêncio.

SEQ. 7 — Mudar/casa. Matrícula novescola. Bares. Achar novos amigos, velhos-de-problemas, arcaicos. Frio. Outra vida. Outra CLAUDIA. Amores? Apático esperar, (ancestral), não-interesse, até quando? Re/nascer des/agregar des/regrar — em¬briaguez (filho) drogar-torpor/dissipar — dis/pensar. Longas noites: sonhos vãos.

SEQ. 8 — Fatal!... Estamos aqui, assim, há seis meses — não conseguimos evitar o-que-vai pelos outros, todos. Eisaí: da mesma forma, como-sempre, mergulhadas no trivial/mediano. Já não estamos juntas, já não SOMOS não, nos transformamos — dois pólos, compreendemos? Opostos, distantes, discretamente repetitivos. Cláudia (porém) não condena aquele certo maternalismo da outra e deixava-se levar — ah, CLAUDIA! — por uma letargia/preguiça, sempre premiada. Tempos de desequilíbrio e de amor.

SEQ. 9 — CLAUDIA está na cama ao lado de Cláudia, envolvida n'uma (quase) ra¬diante segurança de ser feliz, sensação/re-descoberta-velhanova, depois do AMAR. Eram momentos doces, mornos. Fragmentos/fotogramas a-temporais em que Cláudia sempre repete sua natural-natureza e se procura/afirma, uma ânsia-juvenil, uma grandeza-madura de querer só-sentir os sentimentos tantoquanto perfeitos, daqueles que são pura-emoção e determinam, em causas, mudanças-radicais-na-vida-da-gen-te. Qualidade/intensidade maior. Encontro, O-real, tornado único. "Crescer libertar gozar". CLAUDIA sabia, calava-se. Can¬tava Caetano. Cláudia assegurava ser cons/ciente de todo desejo projetado no seu in/cons/ciente. Isso é bom. No entanto, saber ANTES é quase-um-sofrer: às vezes chorava.

SEQ. 10 — Tudo acontecia neste espaço, intimidade/refúgio. Sacrário, signo/ sinal. No início era nossa Depois, uma tarde — es¬tava próximo o crepúsculo — ausente qual¬quer indicação anterior que avisasse, uma sombra uma dúvida, algo se rompia sem visível e clara/lógica explicação. Um raio fugaz, rápido fulmíneo, que deixa atrás de si assustadora incorruptível verdade — daliendiante, nunca-mais a mesma coisa. Troca de olhar-que-se entende, ninguém precisa falar.

SEQ. 11 — CLAUDIA e Cláudia gos¬tariam, sinceramente, que o caminho fosse UM diferente. Até lutaram para desviar o inexorável destino dele-e-delas, (nem-que-se para retardar de um segundo), mesmo con/sabendo o inevitável. E se apartam tris¬tes. Sequer buscam esconder o que sobre¬vive de eterno no sentimento-que-não-muda. Contentes com ele, parece. De¬soladas por não realizá-lo.

SEQ. 12 — E se apartam, profundo abraço. Cláudia vai sozinha pela rua/ névoa/náusea, memória, amargo sabor das coisas deixadas: mesmassim, indagação silenciosa se abriga, n'um-repente, dentro dos olhos grandes — ela SABE que é se¬paração. S'irriquieta. Caminha. CLAUDIA dá passos em sentido contrário, sim, não se odeiam. (Um-acabar-que-não-termina). Pára/anda/pára. Vira/olha/vê: Cláudia es¬tá voltada para ela, assistiu a indecisão, sorri. Tornam-se as duas, retomam cal¬mamente sua resolução. E seguem. CLAUDIA também está sorrindo...

FADE (and) OUT

FOLHETIM, 28 de novembro de 1982

Ela?

Jirges Ristum

A Samuel Beckett, In Memoriam, e a Dor-Ingloriam.

Num filme são obsessivamente material/eterniza¬dos—depois de uma longa/louca corrida pela rua—os últimos gestos de uma mulher que se refugia em seu quarto, talvez esperando a morte... Fecha-se no quarto desadorno (como em si mesma), buscando encontrar a solidão total/absoluta. Manda embora, enxotando-os, um pequeno cão e um gato, vagabundos, que modorravam/ repousavam lá-dentro.

Cerra muito bem a cortina da janela, isola o sol. Pouco/pálido, já, naquele crepúsculo. Desconecta/arranca o telefone.

Cobre com a blusa de que se desfaz do corpo o poleiro de um papagaio atônito, que está somando horas num canto pouco confortável, por sobre a pia. Com a saia, faz desaparecer o aquário onde boqueja um casal de peixes/vermelhos/ dourados/ brancos. NUA.

Ainda, como cobrindo um santo para enfrentar a quaresma, o espelho, — (por quanto tempo único interlocutor/sério/amigo/ representação-crítico/ ôlho-que-vê/ quase-perfeitos: não fossem certas recaídas na autocomiseração, quanto tempo aqui, nós, juntos-sós?) —, espelho que, desta vez, só poderia, tão sinceramente, refletir mesmo sua própria imagem, desolada. Verdadeira.

Por fim, superada a angústia que lhe causavam todos os olhos que podiam enxergá-la, senta-se, bate-pó, "te levo, te trago, te faço, brancas linhas, retas, minhas", queima-fumo, alinha uma quantidade de todas-as-cores/pílulas, abre a gaveta. Tira uma garrafa de uísque-bebe-no-gargalo, sussulta; tira também um envelope com algumas fotografias — as recordações, os momentos significados/ fixados na memória — e, depois de tê-las observado atentamente umaporuma, rasga-as. Todas. Destruída, assim, cada/qualquer refe¬rência com o mundo onde não vive e sobreviveu apenas, inerte, acredita — em vão — ter-se finalmente libertada, liberada de tudo. Em vão. Porque, levantan¬do o olhar, na parede branca esquálida encontra sempre, ali, inevitável/imperecível, a imagem-sombra de si.

No entanto, vai-se acordando placidamente noutra realidade, um diferente lugar: quarto, a mortrar claro/ clara/mente que é diversa. Que nada tem a partilhar com a mulher do sono. Sonho? E, normal/mecânica, levanta-se, chama o filho, caminha pela casa banheiro cozinha prepara-se. Sai.

Invade a quietude preguiçosa de um bar (morno) no ante-fim da tarde. Derrubando-mesas-trôpega/ausente/lúcida. Rebufa-refuga. Prossegue? Atravessa gentes. Projeta/pensa/confunde irrealizações emoções; espera (cega) do que nãohá-de-vir. Começa enfurecelerando o passo logo, anda mais-depressa-mais; quase corre: Corre; e, depois de uma louca/longa corrida pela rua se fecha em seu quarto talvez esperando a morte...

O Estado de S. Paulo, maio de 1982

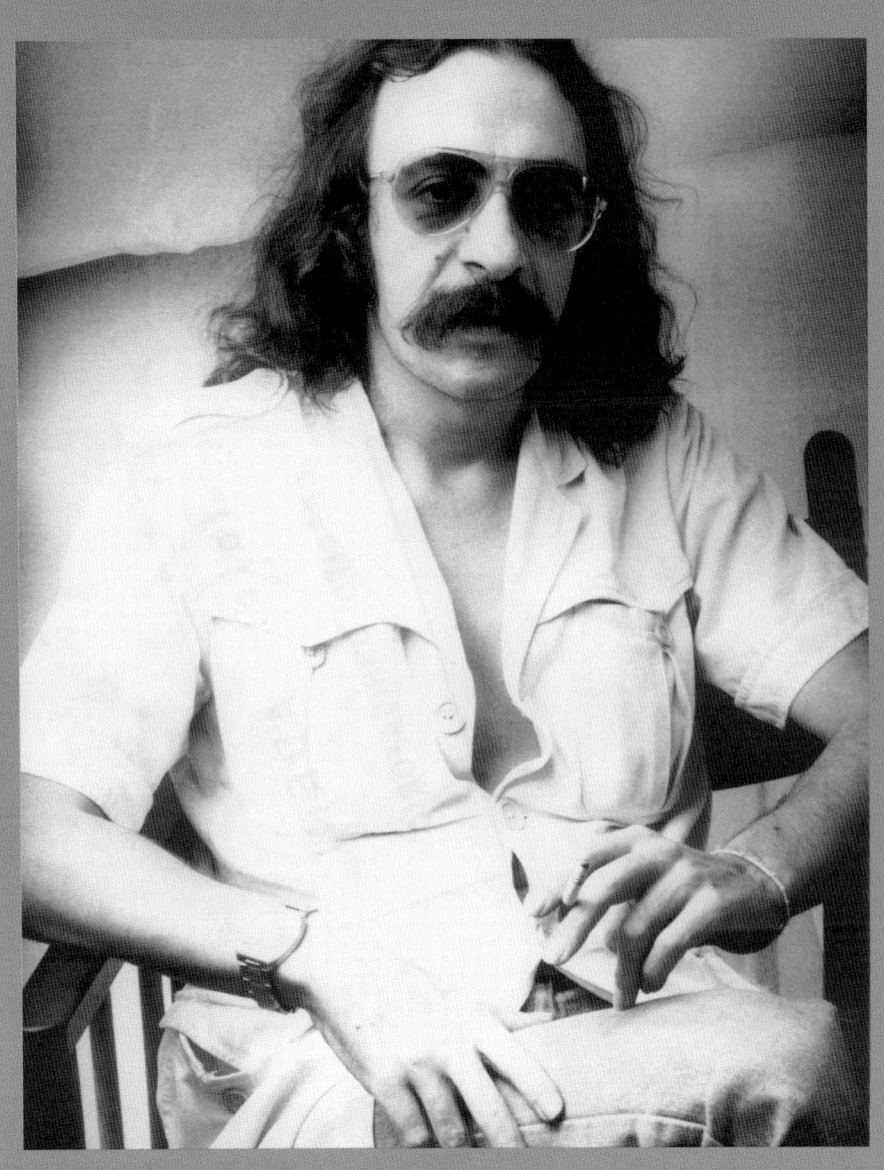

➝ rivé, bistro/rimband/beandelaire/ela/
eu/veslaine, maio-cinza ⭠
➝ entra drummond ⭠

Um amigo que fiz em uma noite
Lau Baptista

– Lau, tô parecendo o Gandhi, careca, magro, moreno, quase preto.

Foi essa a autodefinição bem-humorada do Jirges, um dia antes de morrer, por telefone. No dia seguinte, quando liguei, caiu numa secretária eletrônica solicitando que ligasse na recepção do hospital. Informaram-me que ele havia falecido.

Neste dia, à noite, nasceu o quadro *Senhoras e senhores, confiem nas flores. s.v.p.*, que se tornou um pôster por obra do Luiz Biagi. A foto que gerou o desenho foi tirada em minha casa, numa chácara na avenida Portugal, aonde o Jirges ia sempre quando estava em Ribeirão. Chegava como uma avó, trazendo um saco de biscoitos de polvilho, para comer com chá.

Jirges foi um amigo que fiz em uma noite. Nós nos conhecemos na casa do Edgard de Castro, logo após seu retorno da Europa. Nessa noite, começamos a conversar e não paramos mais. Parecia que nos conhecíamos havia muitos anos.

Jirges, além de muito inteligente e bem-humorado, era um homem culto e cosmopolita, que tomava conta do ambiente em que se encontrava. Jirges andava pelos bares, teatros, restaurantes, com a mesma desenvoltura que em Ribeirão. Numa noite, inesquecível, Jirges chegou ao Pirandello com um echarpe vermelho imenso, que dava duas voltas no pescoço e caía até seu joelho. Jirges parecia uma daquelas esportistas que nas olimpíadas fazem exercícios com aquelas fitas enormes.

Outra noite muito bonita e até emocionante foi a do dia do lançamento do seu livro *Guardanapos*. Jirges já estava doente, já enfrentava as transfusões no Hospital das Clínicas e ficava muito cansado conforme os dias iam passando. Mas, naquele dia, ele, apesar de cansado, aproveitou cada momento e curtiu os amigos que compareceram em peso.

– Não fica louca, não, santa!

Essa afirmação, em alto e bom som, tornou-se uma espécie de frase de identificação dos amigos e foi cunhada pelo Jirges. Bastava dizer algo com que ele não concordasse, ou achasse absurdo, ou ainda ridículo, vinha um "Não fica louca, não, santa!" Servia para homens, mulheres, *gays* ou quem quer que fosse.

Conheci o Jirges tarde, devido a nossa diferença de idade, pois quando ele foi embora do Brasil para a Europa eu ainda era moleque. Desfrutei pouco da sua companhia e amizade, mas agradeço a Deus por tê-lo conhecido.

142

Algo muito interessante que acontece comigo é que quanto mais o tempo passa, mais eu me lembro do Jirges com suas frases e pensamentos inteligentes e irreverentes. Na verdade, sinto que nossa amizade continua crescendo. Há 25 anos Jirges partiu deste planeta e aqui estamos reunidos mais uma vez, agora num livro, em nome do Jirges Ristum.

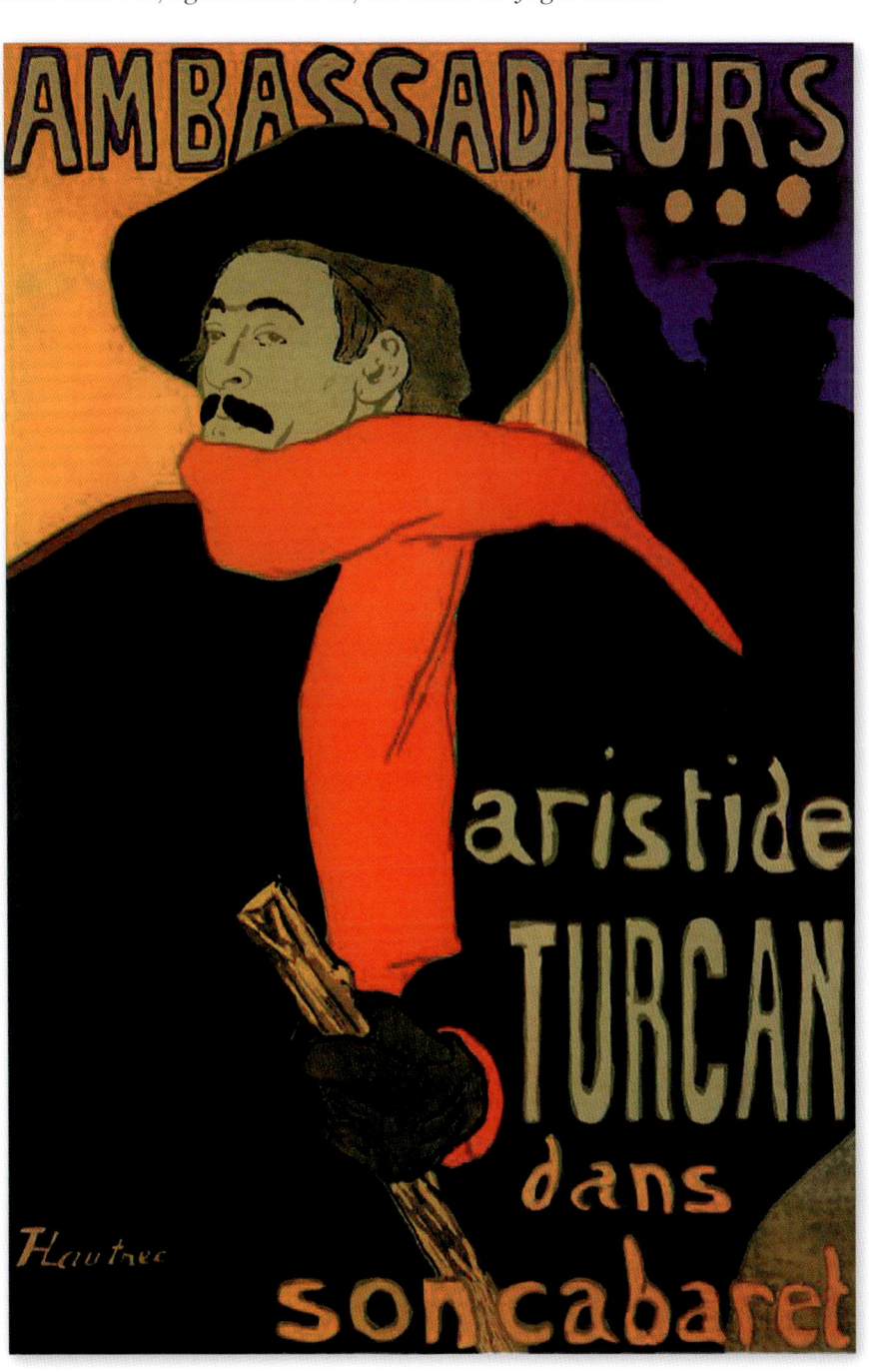

GUARDANAPOS

JIRGES RISTUM

Prefácio do livro *Guardanapos*

Tatiana Belinky

Quando meu jovem amigo Jirges – jovem, porque da geração dos meus filhos, a generosa e sofrida geração-dos-anos-sessenta – me pediu um prefácio para os seus *Guardanapos*, fiquei comovida. Comovida e perplexa: o que dizer sobre um livro que, com licença de Maiacovski, é todo-coração? (Bem, quase todo. Porque ele é também muito reflexão). Pois não se trata de um livro pensado e elaborado diante de uma escrivaninha, ele não é uma obra literária formal, nem mesmo intencional. É coisa bem diferente, algo que não foi programado, mas que aconteceu meio ao acaso, brotou da cabeça e da caneta deste cineasta (mas poeta, poeta). Jirges, brasileiro tantos anos exilado; tantos anos nômade, se badalando pelo mundo, morando ou passando, assistindo ou participando, vivendo e aprendendo e batalhando a vida – e esperando. Esperando pelos acontecimentos, pelas oportunidades, pelas cartas, esperando pelo retorno e *last but not least* (para ser um pouco poliglota como ele mesmo) – esperando pela amada, em longas horas de solidão – (as amadas são muitas vezes retardatárias, "a/mais terrível/presença tua:/tua ausência") – em tantas mesinhas de tantos botecos de tantas cidades, Roma, Veneza, Paris, São Paulo, New Iorque...

O que se passa, o que passa pela cabeça de um alguém, lúcido, sensível, temperamental (e apaixonado), que espera solitário diante de uma (e mais uma e outra) caneca de cerveja, de uma cachacinha, um copo de vinho ou mesmo um refrigerante? O que acontece quando esse fluir do pensamento – sóbrio, ébrio, nítido, difuso – escorre da caneta para o guardanapo de papel que se oferece, folha em branco, fala amigo?

Pingam sobre o guardanapo-confidente rabiscos e garatujas do fluxo do inconsciente, signos e símbolos, sensações e sentimentos em forma de grafite, gritos e sussurros disfarçados em haicais, *plaisir d'amour e chagrin d'amour* em gestos gráficos, reflexões filosóficas em poemetos (poe-meus, diria o Millôr), agri-doces, irônicos, ansiosos, raivosos, entediados, e também tranquilos, risonhos, bem-humorados. Toda aquela gama, a escala cromática de emoções que – velhas-conhecidas, mas sempre novas na hora em que (nos) acontecem – pousam em expressões espontâneas sobre o disponível guardanapo e lá ficam, registro informal e distraído de um estado de espírito, memória vagabunda de um momento fugaz, uma impressão, uma sensação, uma percepção.

Foi bom que o Jirges, andarilho e poeta, guard(anap) ou os seus pere-grinos *insights* e se deixou convencer a publicar esta breve seleção dentre as centenas daqueles reveladores quadradinhos de papel. Ainda que à custa de se expor – ele discreto-encabulado – e de se fazer vulnerável, ele sensível-reservado. Porque, mesmo se "todas as cartas de amor" (as dos outros) "são ridículas", o sorriso com que o leitor porventura acolherá esses pequenos poemas que ora alçam voo, ora pousam no chão, será o sorriso da identifi-cação e da cumplicidade.

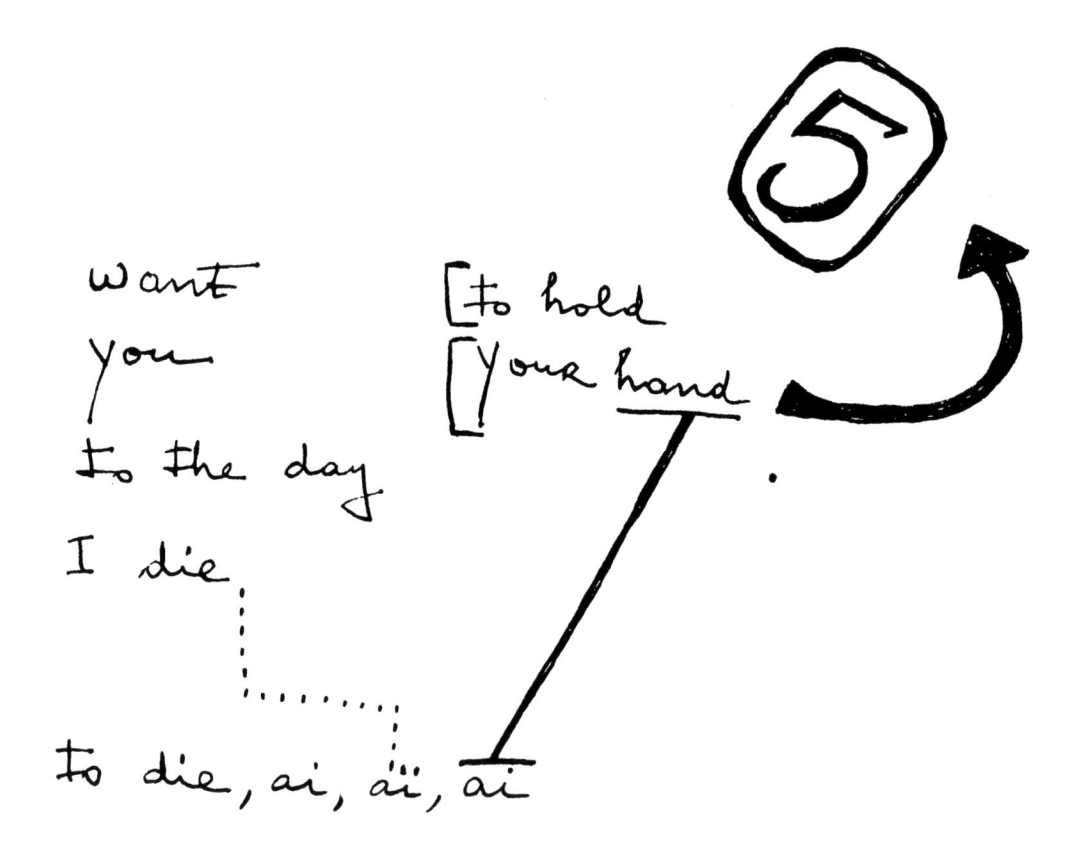

Dan's, Santa Monica Bd, 80

Em louvor de Jirges Ristum

No sub - licio
e no ci - licio
que lavras
nas pa - lavras
pro - vocas
hemorra - gias
de or - gias
no sangue do verbo.

No mapo guardado
e no teu rictum
do rosto
é' Jir - ges
que er - gues
para a des - coberta
da vida.

Francisco Luiz de Almeida
Salles

Cinema é
_____

Godard ?
Glauber? (→ Visconti)
C. Bene ?
Pasolini ?

ou

Antonioni ?
ou
Bergmann ?
ou
Buñuel
ou
Bertolucci
Marco Ferreri
Marco Bellocchio
Salvatore Sampieri
& outros, outros,
outros, outros,
outros . - .

ou eu ?

Il corvo:

Il crepuscolo… il crepuscolo delle grandi speranze…

Eh! Eh! Eh!

E quei poveri imbroglioni sono i primi a essere lasciati in ombra,

magari in compagnia di Rossellini e Brecht

mentre gli operai, loro continuano a andare avanti… avanti… avanti…

Sono passate di moda le ideologie.

Ed ecco uno che continua a parlare non si sá più di che cose

a degli uomini che vanno non si sá dove…

Uccellacci e uccellini
Pier Paolo Pasolini

Sindrome pré-leucê-
mica.

"Anemia deseritro-
poetica con excesso
de blastos na me-
dula ossea".

Jürgens Ristemm

A última vez
Aloysio Nunes Ferreira Filho

A última vez que vi o Jirges foi no Hospital do Servidor, antes da ida aos Estados Unidos para o transplante de medula. Transgressor visceral, fumava no leito do hospital. Com a verve proverbial, falava sobre tudo, de política, de cinema, histórias de nossa mocidade, reais e imaginárias. Um dos alvos prediletos do seu humor era ele mesmo. Fez uma rápida alusão à sua doença: Lulu, não permita que digam que foi AIDS!

Deixei-o. Ainda me lembro do seu rosto, enxergado pela fresta da porta: seus dois olhos enormes. Contive-me para que ele não visse a lágrima que agora corre solta.

even lights become star

the New York City skies

A menina e o unicórnio

Dadá Isola

Três pessoas em uma. Múltiplo, assim como a família em que cresci. Hoje me lembro do Turco, sobretudo através dos outros, dos relatos dos amigos e, particularmente, de meu pai, ou através do sorriso do meu meio irmão, que é idêntico ao seu, principalmente em algumas fotos. Os olhos e os bigodes do Dedi riam ao mesmo tempo. Lembro da sua simpatia por mim e da intimidade que tínhamos naquela grande família alargada dos anos 1970. Ele confiava na minha pequena lucidez de menina e naquilo eu sentia uma afinidade que ia além das distâncias.

Creio que esta sua "comunicação invisível" fosse o principal motivo pelo qual era muito amado, no seu absoluto vagabundear. Havia algo de magnético nele, na sua inteligência e esperteza. Era fascinante no seu modo de estar no mundo e na sua duplicidade.

A herança mais interessante do Turco é constituída pelas narrativas que o circundam: nunca ouvi falar tão mal de alguém que morreu há 25 anos! É interessante ver que não deixou hipocrisia às suas costas, aquela típica que se destina a quem não está mais entre nós. Há algum tempo ouvi uma conversa entre meu pai Ivan e o amigo de sempre, Cachorro, ambos muito ligados ao Turco. Passaram meia hora falando dos seus atos mais reprováveis, fatos que normalmente colocam fim a uma amizade, mas com ele não era assim.

As últimas lembranças que tenho dele são de Nova Iorque. Eu tinha nove anos. Ele estava doente e eu esperava a sua cura, pois não me dava conta que aquela doença só poderia levá-lo embora. No hospital, contava a ele sobre a Nova Iorque que eu visitava como se fosse um parque de diversões. Contava das minhas patinadas no Rockfeller Center e dos esquilos do Central Park e ele me dava de presente livros sobre unicórnios, fazendo-me pensar que eram de verdade. Assim como contava todas as suas histórias.

linhas
cruzadas ✗
(tá difícil
até
to get
YOU
on-the-telephone,
oh, John)

Un fortunato
Cláudio Vouga

Tanta coisa sobre o Turco mas a única que me ocorre dizer é que de
certa forma ele foi um *fortunato,* pois viveu a febre do exílio, a alegria da
volta, sem ter de passar por essa desesperança da democracia que às vezes
nos assalta e faz pensar que a ditadura militar nos derrotou a todos para
sempre.

...ainda bem!

Valeu a pena?
Luiz Biagi

André,

Você não imagina como pra mim é difícil falar daquela época. Esses dias estava em Roma e pensei no Jirges. Eu sempre penso nele quando vou lá e aqui também, lógico. Lembro de ter ido a Londres para vê-lo e a Tezzy quando você nasceu, eles estavam felizes e ele fazendo trabalhos para a BBC.

Eu sempre penso: será que valeu a pena? Você pode me responder: Pra você foi bom ter duas pátrias? Eu sempre penso na imensa solidão que eles sentiam, dos amigos, da família.

Até hoje não gosto de ir à piazza Navona, pois me lembro de tardes longas, sem fim, passadas ali na busca de uma oportunidade, de uma ideia, de uma saída. Esses dias fui à piazza Farnese ali no Campo dei Fiori onde eles moravam. Roma me parece muito bruta, frágil e poderosa. Quem somos nós no meio da história do Império Romano? Nada. A gente volta lá pra tentar esclarecer alguma coisa, mas não consegue... Somos muito pequenos diante da vida e da história. Valeu a pena uma ideologia? Valeu o sofrimento? Valeu as más companhias? Valeu os falsos amigos? Eu não sei responder e nem ele sabia. Só sei que ele foi um amigo leal e muito inteligente.

Deixo pra você o versinho do Millôr que gostaria de ter escrito nos seus guardanapos:

Só se anda com as pernas;

Só se come comida;

Só se lembra o passado;

Só se vive uma vida.

Um grande abraço de quem te quer bem e não se esqueça de estender para Tezzy e Dadá.

Do amigo
Luiz Biagi

Sonhar

imaginar

espaço aberto

para

. . . .

Morre em N. York o cineasta

MIGUEL DE ALMEIDA
De nossa equipe de reportagem

— Rapaz, você não acredita: caiu o bigode. Tô ridículo.

Era Jirges Ristum, o bom "Turco", dias antes do Natal, com seu inabalável humor. Em Nova York, onde estava há mais de três meses, para tratamento de leucemia, recebia os telefonemas dos amigos (e muitos amigos) e a tudo rebatia com impecável classe e ironia. De todos, era o mais confiante e a todo instante avisava que chegaria em breve. Chega, mas não como queríamos: na madrugada de quarta-feira, aos 41 anos o cineasta e poeta Jirges Ristum morreu, após um derrame cerebral.

A história humana, e aqui entra a social e cultural, deve ser escrita com nomes que por razões várias são atropelados pela morte antes de erguer algo capaz de torná-los definitivos. Não se tratam de meteoros, mas de estrelas belas que não tiveram tempo de fixar para as massas seu brilho indiscutível. Assim era Jirges Ristum, autor de um livro de poemas, "Guardanapos", e assistente de direção de Antonioni ("Mistério de Oberwald"), Bertolucci ("La Luna"), Rosselini ("Ano Hum"), Glauber Rocha ("Claro") e Neville de Almeida ("Rio Babilônia"). Preparava-se para seu primeiro longa-metragem, mas foi tolhido com o diagnóstico da doença e por quase nove meses tentou resistir, deixando uma última esperança em Nova York.

Ok, tudo parece apenas elogio simples, de amigo para amigo, mas em matéria anterior, registrava frase de Glauber Rocha: "Jirges Ristum é o maior cineasta brasileiro não revelado". E, hoje, do outro lado do Atlântico, em algum apartamento de Roma, também certamente acabrunhado, Bernado Bertolucci diria algo semelhante de seu assistente de direção, um sujeito que segurou a barra difícil das filmagens de "La Luna". Ou mesmo Michelângelo Antonioni, diria da parceria em "Mistério de Oberwald", quando tudo inicialmente fora filmado em vídeo — numa ousada proposta de Ristum.

Trabalho competente

Obstinado aventureiro, Jirges Ristum, nascido em Ribeirão Preto, teve rápida passagem pelo jornalismo (trabalhou inclusive na Folha), e desembarcou em Roma, no final de 68, atrás de uma tese sobre Antonio Gramsci. Logo fixou seu amor pelo cinema e, na RAI, fez seu primeiro documentário, "Passaporte Diplomático" — responsável por sua estada européia quase perto de onze anos: Ristum registrou a chegada de exilados brasileiros a Argel, a turma que sequestrara o embaixador alemão. Foi muito competente no trabalho e a enorme repercussão do documentário na televisão, criou atritos com as autoridades brasileiras. Teve de permanecer vários anos sem passaporte. Nem por isso se angustiou à semelhança de outros exilados: ali, em Roma ou Londres, onde trabalhava na BBC como redator, na impossibilidade de realizar todos os seus projetos, optou por ser personagem — desses capazes de alimentar vários livros com suas histórias e pela sua simples presença.

— Como sou pós-freudiano e pós-marxista e antiplatônico e antiaristotélico, procuro imaginar as histórias sem censura — dizia Jirges Ristum, em julho de 82, recém-chegado de Rom[a] por certo, sem censura, também [contava] as suas histórias, criando bela bi[ografia]. De amigo.

Voltou ao Brasil, no início d[e] trazido pelas mãos de Nevill[e] Almeida, para as filmagens de [Rio] Babilônia". Tantos anos longe d[o Brasil] ficou alucinado com os fragm[entos] urbanos que ia recolhendo dura[nte a] realização da fita. Até se sentia a[fe]tado de presenciar cortes rápido[s e] doídos, como a ida a um morro ca[rioca] e depois entrar numa boate de [muito] dinheiro. Sabemos, e ele viveu iss[o na] carne, o golpe militar só fez realç[ar as] diferenças sociais no Brasil.

Poeta, seu único livro de po[emas] nasceu do limite. Do limite amo[r.] Ingrata musa deixava-o h[oras] aguardando-a em mesas de bar[, e na] dureza da espera, escrevia poema[s de] amor nos guardanapos. Nada [a] síntese de sua personalidade: o eg[o] do fragmento, que agora poderi[a ser] doloroso e, no momento seguinte, e[m] êxtase.

Por tudo, um beijo.

As vidas cortadas

Cláudio Abramo,
de Paris

Só se percebe que se vive em alguns momentos da vida. Entre esses está o momento em que um amigo, mais jovem, morre, mesmo que sua morte fosse temida ou pressentida. Nestes quatro anos que passei entre estrangeiros, e estrangeiros europeus, personagens irrisórios e cínicos de uma tragédia universal, perdi, no Brasil, e aqui, vários amigos, antigos ou recentes, na maioria mais jovens do que eu: viver além daquilo que se pensava ser possível viver quando se tinha 25 anos, ou 35, ou 40 anos é sempre pesado.

Nesses quatro anos morreu Luisinho Travassos, que para mim era quase um filho: jovem líder estudantil em 68, apareceu um dia em minha casa, com aquele seu ar perplexo e sofrido, magro, pálido.

Ele e José Dirceu eram caçados como inimigos públicos, embora não houvesse prisão preventiva decretada (depois fizeram até isso). A estupidez de nossos sucessivos ministros da Educação os transformou em alvo da fúria policial. Naquela época ainda não se torturava com choque elétrico, ou se torturava e depois se suspendeu isso, por interferência do general Geisel, me dizem, mas não sei bem. Luisinho Travassos era, às vésperas do Congresso da UNE, um jovem perseguido. Preso, em Ibiúna, mantido preso, trocado pelo embaixador Elbrick, viveu a juventude no exílio. Voltou para o Brasil para morrer numa quarta-feira de cinzas, num desastre de automóvel no Rio, um desastre irrisório, sabendo que estava morrendo. Não consegui escrever uma linha então, apesar da insistência de amigos e familiares que sabiam quanto eu o estimava.*

Morreram vários outros, entre Luisinho Travassos e Teotônio Villela, que não era propriamente meu amigo, mas por quem eu tinha um grande respeito e uma forte admiração. Morreu Manuel Scorza, estupidamente, num desastre de aviação em Madri, morreu tanta gente. E agora, esta madrugada, minha filha me telefona para me anunciar morte de Jirges Ristum, um dos moços mais inteligentes de sua geração, que tinha dentro de si a percepção do que é política e do que é a realidade. Eu o conheci na redação desta Folha, há muitos anos, quando o jornal não tinha tantas estrelas, como tem hoje, pois não havia como pagar tantas estrelas então, mas tinha alguns excelentes profissionais que conheciam seu trabalho. Jirges me foi assinalado por dois amigos, A.M. Pimenta Neves, hoje correspondente do "Estado" (dirigiu "Visão", que transformou numa revista importante, embora outros levem a fama, trabalhou comigo neste jornal, dirigiu a "Folha da Tarde" durante um brevíssimo mas brilhante período, teve um alto cargo na Abril, foi correspondente desta Folha e depois da "Gazeta Mercantil" nos EUA), e Roberto Muller (várias vezes na **Folha**, depois diretor da "Expansão", que não sei se existe ainda, e há anos na direção da "Gazeta Mercantil"), assinalado portanto, por dois amigos, cujo julgamento levo em conta. Depressa Jirges começou a fazer matérias políticas, o que não era fácil no período de quase-negro total que começa a obscurecer todo o Brasil, como um manto soturno e sombrio. Casou, um belo dia, com uma moça de Bauru, ou Araçatuba, ou Ribeirão Preto, não me lembro, e casou na minha casa. Partiram depois para a Polônia, mas ficou pouco tempo, foi para a Itália, onde começou a escrever uma tese sobre Antônio Gramsci. Era um jovem então, e brilhante. Na Itália não sei o que aconteceu. Recebia dele recados, mensagens, sinais de vida. Mas cada vez mais raros. A sua vida foi se misturando ao "fog" europeu, como um telefonema interurbano* conseguido com uma pilha de b[aixa] voltagem.

Com a anistia voltou para [o] Brasil: quase não o reconhecer[am] Radhá e eu, mas ele já est[ava] doente. Voltou para a Itália, [e]uma breve passagem entre o [e] ilusório, a grande cidade habit[ada] por bilionários e miseráve[is,] voltou para tentar retomar a v[ida] que tentara, de cineasta, assist[ente] de Antonioni. Guardou o car[inho] com os amigos, conservou o g[osto] terno e compassivo com os [filhos e] filhas dos amigos antigos, de a[migos] do exílio não desejado. Depoi[s] soube dele por terceiras pess[oas,] recados de minhas filhas, fiapos [de] informações. Sabia que est[ava] agora em Nova York, pois r[ece]bera recado de Roberto Muller, [que] tratara de tudo. Ruth Escobar [me] disse que lhe arranjara um [em]prego, quando ele já estava [gra]vemente doente.

São vidas cortadas. Cortadas [pe]las opções existenciais, pela e[sco]lha pela doença, mas corta[das] também por essa ditadura que [nos] impuseram, e que preter[ende] prolongar-se, patrocinando a [en]trega do País a um colégio ele[itoral] sem que o povo soubesse qu[em] elegia, e ao qual se entrega [a] responsabilidade, que não pode [ser] de decidir por todos. Uma respon[sa]bilidade que não lhe demos [e] que lhe deve ser retirada.

ges Ristum

ges Ristum, poeta e cineasta, trabalhou com Antonioni, Rosselini e Gláuber.

THE BEGINING

of the

END

OR

the END

of the

BEGINING

→ ends anyway, NY

E lá vem o vento

Dorene Pearl Tenzer

Somente a arte, esculpindo a humana mágoa,
Abranda as rochas rígidas, torna água
Todo o fogo telúrico profundo
E reduz, sem que, entanto, a desintegre,
À condição de uma planície alegre,
A aspereza orográfica do mundo.

Só mesmo um pouco de Augusto dos Anjos que você adorava declamar pelos bares. Saudade verdadeira tem dessas coisas, Turco, aumenta, diminui, finge que desaparece e, de repente, entra pela casa e fica. Então se descobre que ela não só sempre esteve aí como não tem a mínima intenção de ir embora.

Assim, como você, quando entrou na minha vida e ficou, chegando lá em casa pela primeira vez e nunca mais saiu. A única diferença é que ela não tem bigode pra ficar cofiando.

Engraçado, teu André me ligou falando desse livro, fui encontrá-lo e percebi que ele tem a mesma idade que você tinha, 37, quando nos conhecemos.

O rei da trama, a mente brincando de incógnita só para que se descubra toda a delicadeza, em *cinemascope*, do inesperado que você dominava. O bigode mágico que sempre teve poder de mudar tudo. Você explodia, um raio sem aviso prévio, construindo, desconstruindo, reconstruindo, destruindo a vida a cada momento. Claro, Turco, não é isso que é viver?

E como todo vento com responsabilidade, lá íamos nós.

Bastava você cofiar o bigode que a vida fluía. Do nada, sem pé, mas com cabeça, uma história surgia. E se tornava realidade: pronta-entrega para ser vivida. E lá vem vento.

Toca a campainha de casa. Era um mensageiro muito educado com uma passagem para mim, inventando a certeza com a precisão de um encontro infalível. Lá fui eu, desembarquei no dia do meu aniversário, tudo uma festa, deixamos de contar os dias. Era mais fácil comprovar a exatidão de todos museus, todos os *shows*, todo o Central Park, todas as andadas, todo o Chelsea Hotel com direito a todos os personagens, a cidade cheia de vida, como toda maçã que se preza.

Já doente em Nova Iorque, você tinha tido a remissão, estava feliz, a cidade sorria para nós. Não existe matemática que segure essa contagem monstruosa de realidade regressiva. Quantos anos vivemos naquelas semanas, Turco? Não tenho ideia, mas você sabe.

Lá veio o vento. Fora de tempo e você foi cofiar teu bigode, sozinho. Eu sigo por aqui construindo, desconstruindo, reconstruindo, destruindo a vida a cada momento. As aulas foram inesquecíveis e não faltei a nenhuma ventania.

Saudades, Jijo, da nossa cumplicidade. (É mentira, saudades tem bigode, sim).

A gente se vê.

P.S.: Pirandello e Chic-Chá já eram e o telefone da minha mãe não é mais 673684.

"Reddite ergo quae sunt Caesaris, Caesari:
et quae sunt Dei, Deo." Mat, Cap 22, vers 21

quae sunt ⟩ quae sunt
Dorenis, ⟩ Caesaris,
Doreni ⟩ Caesari

Poema num guardanapo
Carlos Vogt

O movimento do homem tende infinitamente para o finito

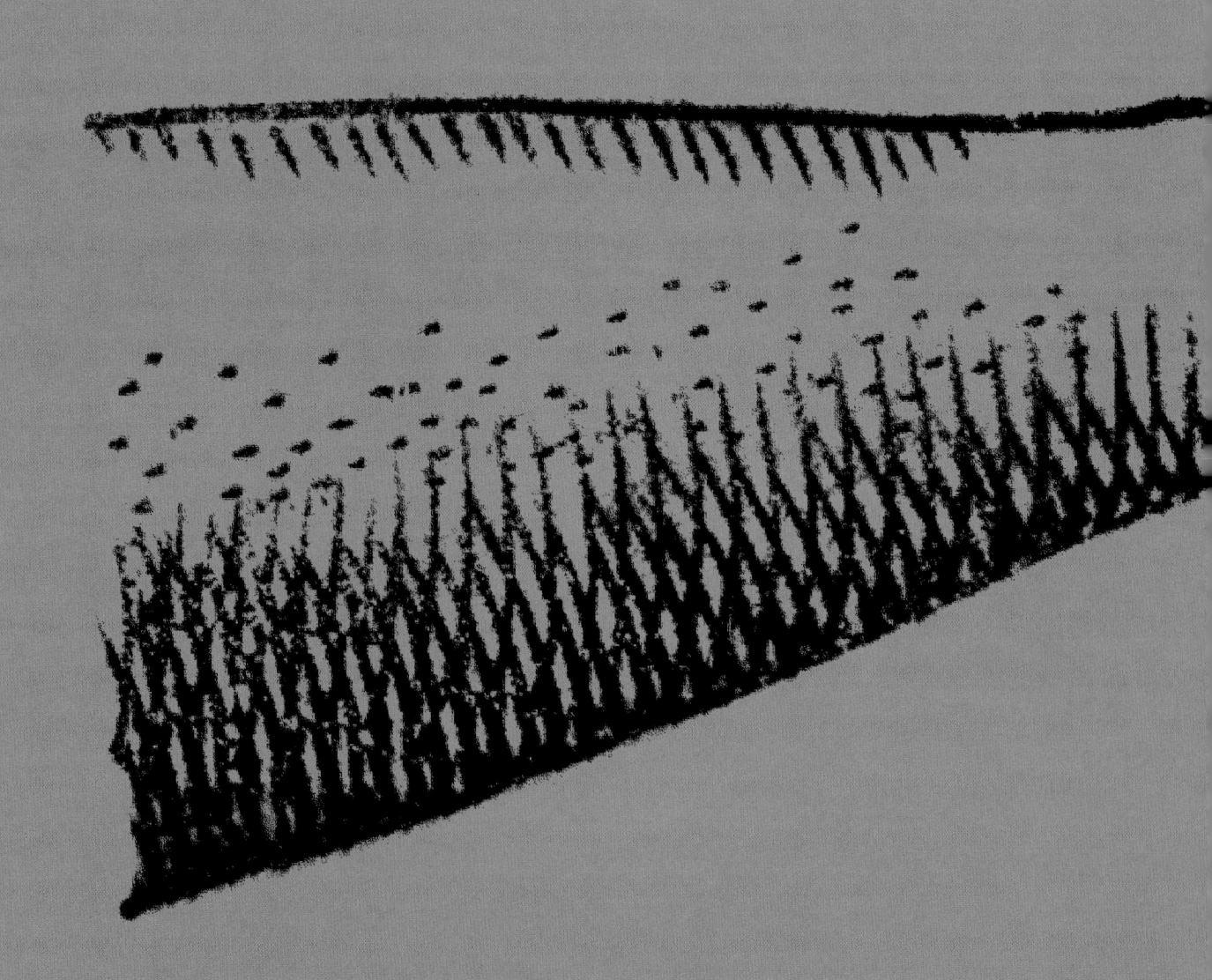

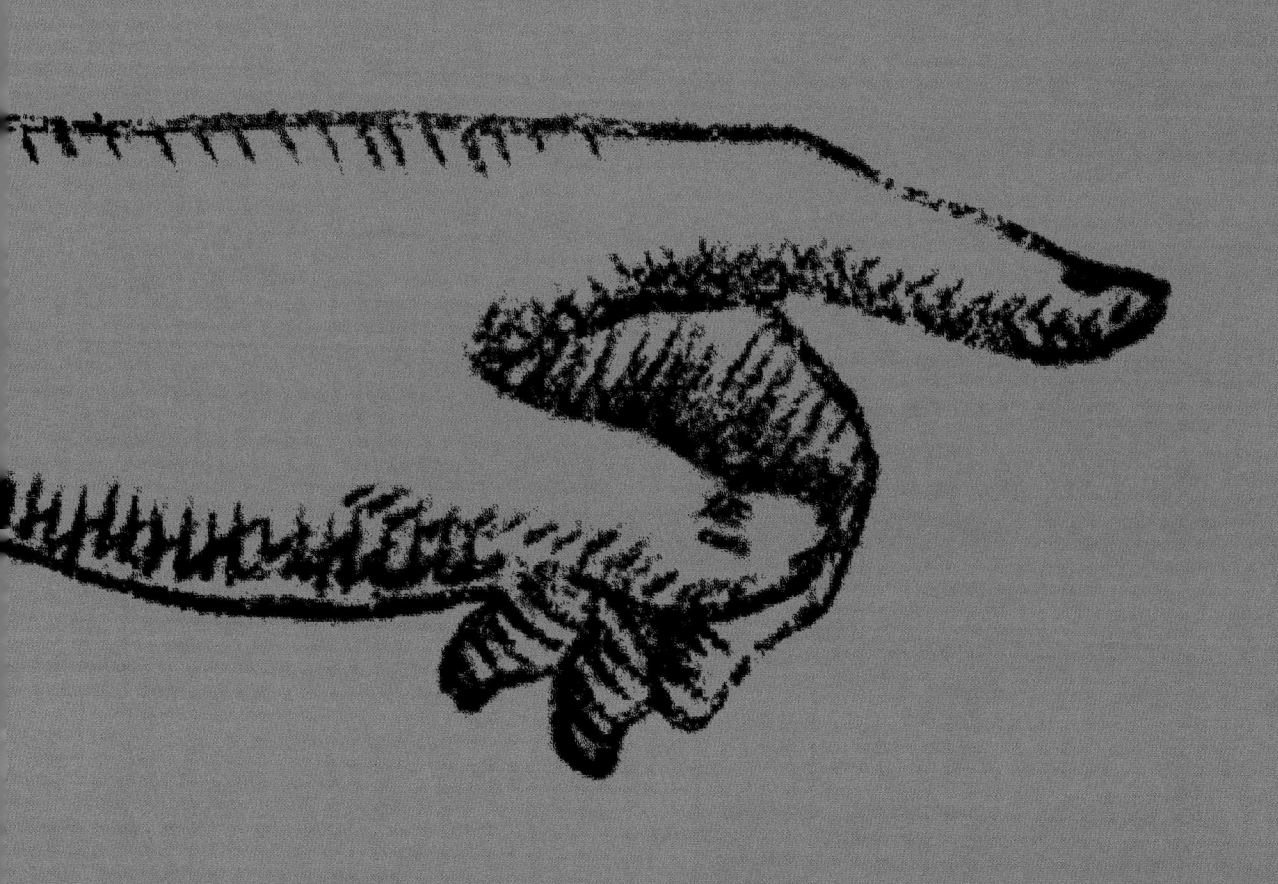

Legendas, notas, traduções, transcrições e créditos

Todas as informações complementares encontram-se organizadas conforme a sequência das páginas:

4-5 Fotos de documentos pessoais de Jirges Ristum (arquivo JR);

8 JR, 1982 (arquivo JR);

9 Apresentação

Commare secca: Primeiro filme de Bernardo Bertolucci, cineasta italiano nascido em Parma, no dia 16 de março de 1941. *Comadre seca*, em tradução literal do italiano, significa comadre seca, isto é caveira. Este filme foi realizado depois de uma experiência como assistente de direção de Pier Paolo Pasolini, no filme *Accatone*. Pasolini é também corroteirista do filme;

10-11 Carta de JR para a irmã Juçara (arquivo JR):

...amores fáceis e amores impossíveis, a sociedade intelectual, os ricos, os artistas, os gênios e os jovens ociosos da Europa – Itália – que sobrevive apenas, sem parar nunca, cada uma dessas etapas é só um momento de aparente suspensão no turbilhão de uma fuga sem fim. Uma fuga que não tem um claro por quê, se não no fato que eu sou (.. serei) um ser estrangeiro em qualquer parte, que não pertence verdadeiramente a nada: eu sei, somente, que não foi, como se diz, a "inquietude" a empurrar-me, mas, ao contrário, uma placidez absoluta. Não tenho nada a perder. Não sou nem corajoso nem curioso de aventuras. Um vento me leva e eu não tenho medo de ir até o fundo. Minha única realidade é exatamente a fuga de mim mesmo e o implacável destino do "disperso" – desgarrado – que vive uma progressiva expoliação [sic] – um processo pelo qual um típico "filho do nosso tempo" deve passar – pouco a pouco sem nome, sem crédito, sem qualificação, sem título, sem dinheiro e sem profissão; não tenho pátria nem direitos: não somente, mas provar uma espécie de perverso prazer em encorajar e contemplar a própria ruína. Quase no fim, reduzido à miséria pelas ruas de Roma, prisioneiro de uma certa embriagues nihilista [sic], trágica e solitária, eu sinto que, apesar de tudo, este é o meu lugar: viver do odor de podre e nutrir-me de mofo, respirando a poeira das casas cadentes (como estrelas) e ouvindo, transportado, o canto das traças.

Ju: eu resolvi fazer esta confissão a você. Numa outra carta falarei das "coisas práticas". E como é uma confissão do fundo, o Müller pode ler o que eu escrevi.

12-13 Naima e Adib Ristum, pais de JR e foto de JR com 2 anos de idade (arquivo JR);

14 Meu irmão Jirges – Juçara Ristum Vieira

Juçara Ristum Vieira: a irmã menor, a caçula. Psicóloga e psicanalista. Membro da Sociedade Brasileira de Psicanálise de São Paulo, da International Psychoanalitical Association e da Federação Brasileira de Psicanálise.

Guardanapo: palavras não são necessárias / sem palavras / sem necessidades / nada / necessita / não

15 Fotos:

à esquerda: JR;

à direita, acima: JR com sua irmã Adiná;

à direita, em baixo: em pé, Antonio Salum (primo) e JR; sentados José Abud Bittar, Jader Bittar (primos) e sua irmã Adiná; deitada, sua irmã Marisa (arquivo JR);

17 "Você sobreviveu nas nossas mentes e corações. Você sobreviverá para sempre"

18-19 JR em São Tomaz de Aquino (arquivo JR);

20 JR com colegas do Ginásio Otoniel Moura, 1960 (arquivo JR);

21 Nos bancos da escola – Antônio Vicente Golfeto

Antonio Vicente Golfeto: É professor de Economia em algumas universidades, todas com *campi* em Ribeirão Preto. Tem atualmente 66 anos de idade e é – há 44 anos – assessor técnico da Associação Comercial e Industrial de Ribeirão Preto.

Anúncio do colírio Moura Brasil, publicado no programa oficial dos festejos da inauguração de Brasília em 21 de abril de 1960 (coleção Victor Nosek);

22 Jirges Dieb Ristum, "O Turco" – Feres Sabino

Feres Sabino: é advogado; foi procurador geral do estado no governo Montoro; foi secretário dos Negócios Jurídicos na primeira gestão de Antonio Palocci em Ribeirão Preto; foi diretor de uma fundação que cuidou e cuida de presos na área de educação, trabalho e cultura.

23 Foto da turma do Ginásio Otoniel Moura, início da década de 1960. Ao centro a Profª. de português que tanto o marcou, Lucy Musa Julião. Em destaque à esquerda JR e à direita Feres Sabino (arquivo JR);

24 Volante convocando para ato público comemorativo da revolução socialista de outubro (arquivo JR);

25 Um sarrista sério – Vanderlei Caixe

Vanderlei Caixe: em maio de 1974, preso político, após ter cumprido cinco anos de prisão, volta a Ribeirão Preto e conclui o curso de direito. No ano seguinte, segue para o Rio de Janeiro e por meio da Pastoral Penal dá assessoria aos presos políticos. Em 1976, coordena o primeiro Centro de Defesa dos Direitos Humanos criado no Brasil. Dar-se aí o seu contato, por vinte anos, com pequenos agricultores e assalariados rurais, orientando-os para os seus direitos e defendendo-os na justiça.

Foto de JR bacharel em direito (arquivo JR);

27 Foto: Mariza Batiston Toledo, Tânia Müller, JR, Marília Batiston Toledo (Marília Gabriela), pai de Mariza e Marília (arquivo JR);

28 JR com megafone (arquivo JR);

29 Montagem com material de propaganda política, (coleção Victor Nosek);

30 O Jirges era assim, e muito mais – Roberto Müller Filho

Roberto Müller Filho: jornalista, ex uma porção de coisas e, sobretudo, amigo de infância e de sempre do Jirges e de sua saudosa figura.

31 Foto: Tânia Müller, Roberto Müller, Tezzy Jemma, JR (arquivo JR);

33 Fotos: Frederich Engels e Karl Marx;

34 Foto: Redação da *Folha de S.Paulo*, Chopin Tavares de Lima, não identificado, Orestes Quercia, não identificado, Rui Barbosa (sentados), JR em pé e sua carteira funcional (arquivo JR);

35 Ficha do DOPS de JR e outros (arquivo JR);

36-44 Matérias de JR para a *Folha de S.Paulo*;

45 Guardanapo: Quem não a tem (certamente) a deseja;

Foto: Teste nuclear no atol de Bikini. Imagem de domínio público – Departamento de defesa americano;

46 Foto: JR, Tezzy Jemma, André Ristum e Pedro D'Alessio, em Roma, 1973 (arquivo JR);

47 Jirges, o memorável Turco – Pedro D'Alessio

Pedro D'Alessio: autor do livro *São Paulo, cidade espetáculo: metrópole da diversidade brasileira*, é produtor cultural, jornalista e economista formado pela USP, com mestrado em Desenvolvimento Regional e Urbano, pela Universidade de Paris. Exerceu diversos cargos executivos nas áreas de planejamento econômico, comunicações, turismo e cultura.

50 Poema e instrumento de Fernando Falcão (foto de Victor Nosek);

51 Fernando Falcão tocando balauê, (foto de Dorene Tenzer);

52 Uma vida vivida intensamente – Tezzy Jemma

Tereza Jemma (Tezzy): bailarina, atriz e jornalista.

Foto: casamento de JR com Tezzy Jemma, 1967 (arquivo JR);

54-55 Carteiras de estudante de JR e ficha do DOPS (arquivo JR);

56 Pokolenja Bananowa – Arnaldo Carrilho

Arnaldo Carrilho: diplomata carioca, tem 70 anos, 37 anos de experiência no exterior. Foi conselheiro da Embaixada junto à Santa Sé e atualmente é o primeiro embaixador do Brasil em Piongiang na Coreia do Norte;

Jerzy Skolimowski: Diretor cinematográfico, ator e roteirista, nascido na Polônia, em 1938, realizou Mãos ao alto em 1967 e os censores do regime o proibiram, levando-o ao exílio. Em 1981, o filme foi remontado e exibido em Cannes.

57 Wladyslaw Gomulka: 1905-82 - Foi secretário-geral do Partido Comunista Polonês e, desafiando pressões da União Soviética, promoveu reformas liberalizantes, entre 1956 e 1970.

Józef Cyrankiewicz: premier da Polônia no mesmo período. Depois de reprimir os movimentos contrários ao regime, deixa o poder em 1971.

60 O pai do meu filho – Ivan Negro Isola

Foto: Ivan Negro Isola, André Ristum, Dadá Isola e JR, Roma, 1977 (arquivo Ivan Negro Isola);

64 Seu Cachorrito – Luis Maria Olmedo

Cachorro – Luis Maria Olmedo: esse apelido foi dado pelo pai adotivo, Eugênio Hirsch, quando representava o papel do cachorro. Segundo Hirsh, ele era o melhor cachorro que havia visto no teatro. Este foi o início de um grande amor pelo teatro e por Eugênio: a poesia marcou este encontro. Seu nome é Luis Maria Olmedo, um senhor que pode ser uma rainha e uma rainha que pode ser um senhor. Adora o Brasil e seus amigos;

Copi – Raul Damonte Taborda: dramaturgo argentino viveu em Paris, autor e ator de suas próprias obras, autor também de uma história em quadrinhos muito famosa, intitulada *La mujer sentada*, publicada semanalmente no L'Express, na França e na revista mensal *Linus*, na Itália;

Juanito – Juan Bautista Piñero: poeta e dramaturgo argentino, viveu em Paris e lá publicou sua obra. Con Leonor Fini publicou *Livre d'Images* (Introdução à uma série de 14 litografias);

Guardanapo: eu / eu mesmo / nós somos / os melhores / as feras

Punto Rojo: tipo de canabis produzida na Colômbia;

67 Andreina Argente (foto de Luis Maria Olmedo);

68 Fotos: à esquerda, Julio Gouveia com André Ristum recém-nascido, Tezzy e JR; à direita, André Gouveia (foto de Ivan Negro Isola) e abaixo, JR com André Ristum, em Londres, 1972 (arquivo JR);

70 Graça, afeto e inteligência – Guilherme Cunha

Foto: JR, Tezzy, Fernando Falcão e André Ristum, Roma, 1973 (arquivo JR);

71 Chega de chinelos! – Renato Ferraro

Renato Ferraro: diretor cinematográfico. Trabalha há anos para a Rádio e Televisão Italiana (RAI), tendo realizado inúmeros programas;

72 Roberto Benigni no *set* do filme *Pinocchio* (foto de Dante Spinotti);

73 Caderno de anotações para a tese de mestrado sobre Antonio Gramsci (pensador marxista e fundador do Partido Comunista Italiano): *Proposta – tese sobre Gramsci.*

Tentativa-base se resume em "ver" um Gramsci "original". Até hoje a maior preocupação estava voltada para a filosofia, para a política. Só em caráter restrito se pensou em termos de uma análise sociológica (como parte do pensamento sociológico marxista moderno). Dois caminhos podem ser tomados para um estudo sistemático, neste sentido:

1 – a sociologia de Gramsci (ou seja, a sociologia do conhecimento), onde, além do estudo do seu pensamento em relação ao tempo em que viveu, à sociedade de sua época, coloca-se o problema da situação humana-biológica;

2 – a "sociologia geral" de Gramsci que indaga a possível formulação de uma "teoria social" sistemática, válida e aplicável (no seu tempo e atualmente) através do estudo de classes sociais, elites políticas, partidos políticos, revolução social, processos sociais etc.;

1 e 2 – é análise global e sistemática de obra teórica e ação política, através método sociológico, em direção ao "sistema" orgânico para o estudo das relações sociais; mais enfoque filosófico, econômico e político.

74 *Lei è un santo!!!* – Ivan Negro Isola

Título: O senhor é um santo!!!

Cartaz do ultimo filme de Roberto Rossellini, *Anno uno*;

75 *Still* do filme *Anno uno*, Roberto Rossellini sentado à esquerda e JR à direita ao fundo (arquivo JR);

76 Conquista de mulheres. A estratégia do Turco – Dirceu Brisola

Dirceu Brisola: jornalista, trabalhou na revista *Veja*, foi editor-chefe da *Gazeta Mercantil* e correspondente internacional. Grande amigo de JR desde a década de 1960.

76-77 Ilustração de Victor Nosek;

78 Os dois Brasis – Gianni Amico

Gianni Amico: Nascido em Loano, na Liguria, em 1933 e falecido em Roma, no dia 2 de novembro de 1990. Foi roteirista, diretor e crítico cinematográfico. Grande amigo do Brasil idealizou o *Festival Latinoamericano di Santa Margherita Ligure*, em 1960, responsável pela divulgação do Cinema Novo brasileiro na Europa. Foi assistente de direção de Roberto Rossellini, no filme *Era notte a Roma*, e de Jean-Luc Godard, no filme *Vento do oeste*, escreveu com Bernardo Bertolucci o filme *Prima della rivoluzione* e dirigiu filmes e séries para a televisão.

Foto: Gianni Amico (copyright © verinhaottoni.com);

79 JR dormindo (arquivo JR);

80 Foto de cena do filme *Claro*, de Glauber Rocha com Ana Carini, Mackay, Metka Kosac e JR);

81 Fotos de cena do filme *Claro*. Acima: Ana Carini, JR, Glauber, Marco Tamburella e Mario Gianni; em baixo duas fotos com JR e Juliette Berto (arquivo JR);

82 *Il "Turco" ... I remember* – Alex Donadio

172

Alex Donadio: Arquiteto, cenógrafo, diretor de eventos. Acaba de construir uma pirâmide para um museu do Piemonte. Vive em Paris.

Cartaz do filme *Nostra Signora dei turchi*, de Carmelo Bene;

Presenzialista é um neologismo italiano que significa (vagamente) onipresente, relativo à pessoa que gosta de presenciar os acontecimentos que contam, ver e ser visto.

Filmstudio: cineclube romano, situado no bairro de Trastevere;

83 Allen Midgette: ator americano, nascido em 1939 que se notabilizou por sua participação em filmes de Andy Warhol, Bernardo Bertolucci, Pier Paolo Pasolini, entre outros;

Memé Perlini: ator, diretor teatral e cinematográfico, nascido em Sant'Angelo, Pescara, em 1947;

Carmelo Bene: seu nome completo era Carmelo Pompilio Realino Antonio Bene, nascido na região da Puglia, perto de Lecce, em 1 de setembro de 1937 e falecido em Roma no dia 16 de março de 2002. Foi ator, dramaturgo e cineasta, tendo realizado vários filmes experimentais, como *Salomé* e *Nostra signora dei turchi*;

Ely Galleani: atriz italiana nascida em 23 de abril de 1953, em Alassio, no Piemonte, participou de vários filmes na Itália e nos Estados Unidos;

Carabinieri: policiais italianos;

Diabo de um "Turco" napolitano: Referência ao filme *Un turco napoletano*, de Mario Mattioli, em 1953, protagonizado pelo grande e impagável ator comico Totó, alcunha de Antonio de Curtis.

84 Um verão alla Jean Genet

Anotações de JR:

Para notas do cárcere

1) pintor que falsifica ele mesmo e pintor suicida;

2) matou mulher + amante esquartejando, jogando no rio – nove anos (de 30);

3) violentou filha de 7 anos (ele 50);

4) assalto 5 anos 8 meses – carta namorada desobrigando;

5) com gato – medo de ser envenenado;

6) baterista horrível (?) – Charles Osei – (preso com) 8 quilos – "eu como e toco bateria";

7) Coreano + tai + americano + inglês;

8) Gordo > traficando dentro;

9) Fascistas # políticos (...);

84 Carta de Clare Peploe, cineasta inglesa, mulher de Bernardo Bertoluci:

Querido Jirges,

No outro dia te escrevi uma carta e estava esperando dá-la ao seu advogado, quando uma tua carta chegou para BB e Gianni e Gabriella. Fiquei ofendida por não ter recebido uma também, então, joguei a minha fora. Hoje pensei: foda-se. O que têm os meus sentimentos tolos a ver com a grotesca CHOCANTE, HORRÍVEL INJUSTIÇA pela qual você está passando. Ficamos muito mal quando soubemos. É terrível que não possamos sequer te visitar. Quando penso que qualquer um pode ser preso sem motivo algum sinto como *blackouts*. Burocracia italiana ou confabulações kafkianas. Mark e Luise chamam sempre para saber como você está. Vamos para Moscou amanhã. Estou muito excitada para ver microfones nos hotéis e a KGB. Espero que seja belo como num filme americano. BB teme por sua fé (tragicão).

Veremos-nos dentro em pouco tempo, pouquíssimo espero e quero, por favor, uma descrição detalhada de cada coisa: comida, exercícios, sexo, conversas, TUDO. *Take jail notes*.

Estou indo para a cama, eu também em Via della Lungara. Penso muito em você. Quando você sair Roma te parecerá um sonho – pensa um pouco.

Esfria passarinho de gaiola. Muito, muito, muito amor,

Clare

85 Carta de Bernado Bertolucci

Turquinho,

Se Nossa Senhora parirá um poeta seremos todos um pouco menos encarcerados de quanto somos neste momento de fronte à imensa escandalosa injustiça que te obrigou a viver um inicio de verão alla Jean Genet.

O tom da sua carta nos reconfortou um pouco: vitalidade, curiosidade também na noia, e a recordação de Gramsci (mas não deixe que isto te suba à cabeça).

Tivemos um encontro ontem com os *headquarters* da tua defesa e me parece que estão fazendo o possível, mas só lendo as motivações que negaram a tua liberdade provisória tive a percepção (?) precisa do labirinto kafkiano em que nos encontramos toda vez que temos que nos ver com a lei, das cagadas às coisas mais graves.

Os teus *lawyers* esperam: é um bom sinal, mas se por acaso a ação devesse se arrastar por mais algum tempo, tente vivê-la como um companheiro, não desista, seja forte ainda por um pouco, pois também como companheiro você deve ter confiança.

Me vem em mente Olmo sênior, quando junto com Felicello, grita para os amigos presos: "O partido não nos abandonará..." e eles respondem: "sim, mas as correntes machucam". E me sinto um merda.

Amanhã partimos para Moscou, convidados pelo festival: estou muito (?) por esta viagem e não sei por quê. Clare, ao contrário, está muito excitada e curiosíssima: talvez por não ter jamais investido tanto na palavra comunismo. Tomara.

Se for útil a você, saiba que estou pronto a testemunhar e a dizer tudo de bom que posso dizer a seu favor e quanto absurda me parece a acusação. É divertido: você, réu primário, ser defendido por um condenado a dois meses (ver Tango).

Se te pode consolar, por fim, a vida aqui fora é uma merda. A salvação está só dentro de nós – Viva S. Sigmund F.

Um forte abraço,

Bernardo

Foto: Bernardo Bertolucci no *set* de *Novecento*, com chapéu de cangaceiro, por obra do Photoshop de Victor Nosek, em homenagem aos tantos laços de amizade que o unem ao Brasil e carta endereçada a JR no cárcere:

86 *Risotto (amaro) al caviale* – Satenig Gugiughian

Satenig Gugiughian: Depois de dirigir um documentário, realiza experiências teatrais na Broadway. Dirige mais dois documentários e segue cursos de cinema, primeiro na New York University e depois na UCLA. Recentemente escreveu e dirigiu um espetáculo teatral de sucesso. Atualmente desenvolve novos projetos e sonha com a realização do "filme perfeito";

Tradução de trecho de carta de JR para Alessandro Donadio:

Satenig é Santa, vai a ela a minha adoração! Vejo-a no altar. Escrevo-lhe a seguir outra carta.

87 Envelope e carta de Santa Satenig Gugiughian, com lista de pedidos de JR in carcere;

88-89 Trechos de cartas escritas por JR no presídio Regina Coeli:

Dodo (Alessandro Donadio), meu caro. Bela a vida, não? Cá estou outra vez enchendo o seu saco, só porque acho que estou muito perto da morte.

O que posso concluir é o seguinte: ninguém, repito, ninguém consegue entender como eu esteja ainda aqui e como Caputi (seu advogado) não tenha conseguido obter a (liberdade) provisória.

Com Sotgiu (outro advogado) é mais seguro. Custa, mas com ele ninguém fica detido. Vi coisas incríveis acontecendo aqui, te asseguro. E não aceitar nenhum papo de justiça e babaquices do gênero. É tudo uma questão de grana e de esquemas com a magistratura.

(Imagina que Beta (Bettina Best) está livre com justificativas de médicas, alegando que sofre de claustrofobia. Fez rir metade da ordem dos advogados!!!!!)

Não existe detenção, tráfico, não existe. A acusação é alto teor de vida, amizades, suposições, babaquices do gênero, coisa que não se sustentam absolutamente. Te juro, de novo! Ouvi dizer que Jacovoni foi bloqueado por caputi, também por falta de dinheiro. E tudo é questão de dinheiro e de movimentos (arranjos): te peço do fundo da alma de acreditar em mim. (Hoje saiu um sujeito, condenado a 18 anos (já definitivos), procurado por roubo, com dois revolveres (duas pistolas), tentativa de homicídio, ultra condenado. Saiu em liberdade provisória). E Caputi vem falar de justiça!

Como vai a casa? Como vai você? E Satenig? E o mundo? Não me abandone te imploro. Lembre-se que Pierre Clementi ficou aqui por quase dois anos, sem culpa, sem processo... Não quero enlouquecer. Abraço-te. Teu J.

91 Foto de JR (arquivo JR);

92 Jirges Dieb Ristum foi um herói – Edgard de Castro

Edgard de Castro: cineasta e amigo de Jirges;

93 Emiliano Zapata *y su hermano*, o herói JR, Photoshop de Victor Nosek;

94 A minha *Luna* – André Ristum

André Ristum: nascido em Londres em 1971, crescido em Roma, transitou entre Itália e Brasil por uma década, estabelecendo-se definitivamente em São Paulo em 1996. Trabalha com cinema à quase duas décadas, tendo neste período trabalhado como assistente de Bernardo Bertolucci em *Beleza Roubada* e dirigido vários filmes como *De Glauber para Jirges, Tempo de resistência, 14 Bis* e *Nello's*;

95 Cartaz para *casting* do filme *La luna* de Bernardo Bertolucci, cartaz do filme e na foto, André e JR (arquivo JR);

96 *La Luna* – Jefferson Del Rios

Jefferson Del Rios: jornalista e crítico teatral. Autor de *Bananas ao Vento – Meia Década de Política e Cultura em São Paulo* (Ed. Senac) e *Ourinhos-Memórias de Um Cidade Paulista* (Impresa Oficial);

98 Jirges meu guia turístico – Beatriz Albuquerque

Beatriz Albuquerque: jornalista, pós-graduada em história da arquitetura;

Urbi et orbi: para a cidade (Roma) e para o mundo;

Foto: Imagem de Roma extraída do filme *De Jirges para Glauber*, de André Ristum;

99 JR, sua mulher Tina Bastoni, não identificada, Jean-Paul e Ana Carini (arquivo JR);

100 Lição de casa de André Ristum:

Roma 21/2/79

Texto livre

Ontem meu pai dormiu na minha casa.

Na manhã seguinte eu e meu pai fomos para a escola lanchamos juntos e depois ele vai embora trabalhar com Antonioni para fazer um filme.

Cartaz do filme *O mistério de Oberwald*, de Michelangelo Antonioni;

101 Michelangelo Antonioni no *set* de filmagem, c. 1965. Foto: Hulton Archive/Getty Images;

102 Jirges e a filha do xerife – Herbert Spencer Carranca

Herbert Spencer Carranca: tem 58 anos, já foi jornalista, escreve poesia, faz letra de música e é músico diletante, mas, principalmente, hoje é boiadeiro, aqui e no Chaco paraguayo. Vive entocado na fazenda, muita gente o aflige.

103 Carim Berger (arquivo JR);

104 Jirges, o cupido – Paulo Weinberger

Paulo Weinberger: É outro arquiteto que nunca exerceu a profissão – ele vem se dedicando ao jornalismo, à TV, à música, ao cinema, e ao turismo, viajando como guia pela linda Austrália. Paulo é de SP, mas mora em Sydney desde o finalzinho de 1980;

105 Dorene Tenzer, JR e Glauber Rocha (foto de Paulo Weinberger);

106 A única coisa que me prende ao Brasil – Glauber Rocha

Glauber Rocha: Nasceu em Vitória da Conquista, em 14 de março de 1939 e faleceu no Rio de Janeiro, 22 de agosto de 1981), além de liderar o movimento do Cinema Novo, realizou filmes como *Deus e o diabo na terra do sol*, *Terra em transe*, *O dragão da maldade contra o Santo Guerreiro*, entre outros. Foi também ator, roteirista e escritor;

107 Tezzy, André, Dadá e Jirges, Tezzy, Dorene, Paulo Weinberger, Dadá, Paula Gaetan e Erik Rocha (fotogramas extraídos do filme *De Glauber para Jirges*, de André Ristum);

109 JR e Dorene, Glauber, (fotogramas extraídos do filme *De Glauber para Jirges*, de André Ristum);

110 Foto: Torre Eiffel com Cinemateca Francesa ao fundo (foto de Ivan Isola)

112 Um quebra cabeças – André Ristum

André Ristum: filho de Tezzy Jemma e JR, nasceu em Londres em 1971, cresceu em Roma, transitou entre Itália e Brasil por uma década, estabelecendo-se em São Paulo em 1996. Trabalha com cinema à quase duas décadas. Nesse período foi assistente de Bernardo Bertolucci no filme *Beleza Roubada* e dirigido vários filmes como *De Glauber para Jirges*, *Tempo de Resistência*, *14 Bis* e *Nello's*. Atualmente filma seu primeiro longa-metragem.

113 Foto: Tezzi e André Ristum, 1973 (arquivo JR);

114 JR (foto de Dorene Tenzer) e Giovan Battista Della Porta – *Della fisionomia dell'huomo*, 1610;

115 JR (foto de Dorene Tenzer);

116 JR, Neville de Almeida e atores (foto de cena do filme *Rio Babilônia*, de Neville de Almeida);

117 Redescobrindo o Brasil – Neville de Almeida

Neville de Almeida: cineasta nascido em Belo Horizonte, em 1941, radicado no Rio de Janeiro, autor de vários filmes de sucesso como *A dama do lotação*, *As sete gatinhas* e *Rio Babilônia*;

Cartaz do filme *Rio Babilônia*, de Neville de Almeida;

120-121 Detalhe da foto da p. 117;

121 Giovan Battista Della Porta – *Della fisionomia dell'huomo*, 1610

122 O meu amigo Jirges – Lulu Librandi

Maria Luiza Librandi: produtora teatral, agitadora cultural, ex-diretora da Funarte, ex-secretária internacional do Minc na gestão do ilustre Celso Furtado, produtora de inúmeros espetáculos com Ruth Escobar, Raul Cortez. Produziu há 3 anos *Pequenos Crimes Conjugais* com Maria Fernanda Candido e Petrônio Gontijo. Atualmente está produzindo a peça de Marguerite Duras – *A Musica Segunda*, com Helena Ranaldi e Leonardo Medeiros, no Teatro Vivo.

123 Anotação de JR em bilhete de ônibus

O que me importa

o verão

se o inverno

está dentro

(de mim)

(quando?)

Quem pagará

por esta

minha agustidão?

124 Os astros não mentem, mas os astrólogos mentem a respeito dos astros.

126 Vir ver Jirges – José Antonio Barros Freire

José Antonio Barros Freire (Barrinhos): é documentarista; descobriu a civilização inca na Suécia, a Bahia na África, a insanidade dos políticos nas olimpíadas de Munique, a solidariedade do povo em cuba. O Brasil no continente antártico. A meditação com um sapo. O silêncio na sombra de um jatobá. Coleciona amigos.

129 Desenho de JR em guardanapo de bar;

130 Abaixo-assinado – Ana Brisola

Ana Brisola: de pequena estatura e, segundo seus amigos, de grande sabedoria, nasceu em Santo André em 2 de agosto de 1942. Foi grande amiga de JR desde a década de 1960.

131 Che Gayvara, por Victor Nosek;

132 Um famoso cantor de boleros – Miguel de Almeida

Miguel de Almeida: é jornalista e escritor, autor de vários livros, entre eles

Dobrando esquinas (poesia), *Blue paixão* (poesia), *Antes de Francisca* (crônicas), *Pizuca e os bichos vira-latas* (infantil), *Sapopemba, O romance do Belo e da Beleza* (infantil) e *Clóvis, a história de um menino mau* (juvenil). Foi editor, crítico de artes plásticas e colunista de vários jornais. É diretor editorial da Lazuli Editora. Diretor artístico e apresentador do programa *Sala de cinema*, do SescTV.

133 JR, com sua irmã Marisa no "Baile do torto", 1967 (arquivo JR);

141 Foto de JR, em 1982 (arquivo JR);

142 Um amigo que fiz em uma noite – Lau Baptista

Lau Baptista: 54 anos, artista, produtor e editor gráfico. Nascido em Ribeirão Preto, pai de dois filhos e avô de uma neta. Amigo do Jirges por poucos, mas bons anos.

143 Cartaz do cabaré de Aristide Bruant, Photoshop de Victor Nosek;

144 Capa de Claudio Tozzi para o livro *Guardanapos*, editado por Massao Ono e Maria Lídia Pires e Albuquerque, em 1983;

145 Prefácio do livro *Guardanapos* – Tatiana Belinky

Tatiana Belinky: nasceu em São Petersburgo, na Rússia, em 1919. Veio para o Brasil aos dez anos de idade. Cursou filosofia na Faculdade São Bento e casou-se com o médico e educador Júlio Gouveia, com quem teve dois filhos, André e Ricardo. Na década de 1940 iniciou a fazer adaptações, traduções e a escrever peças e narrativas infantis.

147 Em louvor de Jirges Ristum – Francisco Luiz de Almeida Salles

Francisco Luiz de Almeida Salles: também conhecido como "o" Presidente, pois presidiu o Clube de Cinema de São Paulo, Filmoteca do Museu de Arte Moderna, Fundação Cinemateca Brasileira, Comissão Estadual de Cinema da Secretaria Municipal de Educação e Cultura. Foi crítico cinematográfico, poeta, ensaísta e personagem fundamental da cultura paulista.

Texto que encerra o livro *Guardanapos* de Jirges Ristum;

149 Giovan Battista Della Porta – *Della fisionomia dell'buomo*, 1610 e texto extraído do filme *Uccellacci uccellini*, de Pier Paolo Pasolini:

O corvo:

O crepúsculo... o crepúsculo das grandes esperanças...

Eh! Eh! Eh!

E aqueles pobres pilantras são os primeiros a serem deixados na sombra, talvez em companhia de Rossellini e Brecht enquanto os operários, eles continuam a andar adiante... adiante... adiante...

Passaram de moda as ideologias. E eis alguém que continua falando não se sabe mais do quê e homens que vão não se sabe aonde...

150 Bilhete de JR com diagnóstico da doença que o levou;

151 A última vez – Aloysio Nunes Ferreira Filho

Aloysio Nunes Ferreira Filho: velho amigo do Jirges, conheceu-o ainda quando estudante de Direito, em 1966. Ambos militavam, à época, no Partido Comunista Brasileiro. Conviveram, depois, no exílio. Aloysio é procurador do Estado, cumpriu vários mandatos como deputado estadual e federal. Ocupou cargos de Governo, inclusive no Ministério do Presidente Fernando Henrique. Hoje é chefe da Casa Civil do Governo de São Paulo.

Foto: JR com Vera Tude de Souza, Aloysio Nunes Ferreira Filho e André, Londres, 1972 (arquivo JR);

152-153 Até lâmpada vira luz/estrela no céu de Nova Iorque (trad. JR);

No topo da página, foto de Nova Iorque feitas da janela do quarto de JR no Sloan-Kettering Memorial Hospital; na página à direita, JR no seu leito hospitalar (fotos de Ivan Negro Isola), na página à esqueda, Dorene Tenzer, Tezzy Jemma e Tina Bastoni (Polaroid do arquivo JR);

154 A menina e o unicórnio – Dadá Isola

Dadá Daniela Jemma Negro Isola: inglesa de nascimento, romana por adoção e brasileira por força das circunstâncias, nasceu em Londres no dia 28/12/1974, filha de Ivan Negro Isola e Teresa Jemma, irmã de André Ristum e, por extensão, parente do Turco. Vive e estudou linguas (tradutora e intérprete) em Roma. Depois de ter trabalhado em agências de publicidade, iniciou sua carreira na Fox Italia, onde atualmente exerce a função de Diretora de Marketing.

155 Dorene, Tezzy, Jirges, André e Dadá no Memorial Hospital, NY, 1982 (arquivo JR);

156 JR ao telefone (arquivo JR);

157 Anotação de JR sobre mapa da cidade de Roma com destaque para o cemitério Campo Verano, onde está sepultado Antonio Gramsci;

158 *Un fortunato* – Cláudio Vouga

Cláudio Vouga: poeta inédito, sociólogo aposentado, andou muitos anos pela Europa por força das circunstâncias.

Foto: JR filosofando (arquivo JR);

159 Valeu a pena? – Luiz Biagi

Luiz Biagi: formado em economia, é neto e filho de empresários pioneiros do setor sucroalcooleiro, dedica-se a múltiplas iniciativas em diversos segmentos da economia. Atualmente escreve um livro.

161 Guardanapo: O começo do fim / ou / o fim do começo / acaba certamente, NY;

162 JR e Doren, Photoshop de Victor Nosek;

163 E lá vem o vento – Dorene Tenzer

180

Dorene Tenzer: norte americana, aqui desde os 4 anos, virou brasileira. Fez tudo o que quis, do tricô até a fotografia. Há dez anos estuda e trabalha com as ervas e flores do jardim.

165 Dai a César o que é de César e a Deus o que é de Deus

Foto: JR e Dorene (fotograma extraído do filme *De Jirges para Glauber*, de André Ristum);

166 Poema num guardanapo – Carlos Vogt

Carlos Vogt: nasceu em 1943, é linguista e poeta. Graduou-se em letras na Universidade de São Paulo e fez mestrado na Universidade de Besançon, França. Posteriormente doutorou-se em ciências no Instituto de Filosofia e Ciências Humanas da Unicamp. Em 1990 foi eleito reitor da Unicamp, cargo que exerceu até o ano de 1994. Foi presidente da Fundação de Amparo a Pesquisa do Estado de São Paulo (Fapesp) até agosto de 2007, quando assumiu a Secretaria de Ensino Superior do Estado de São Paulo.

166-167 Giovan Battista Della Porta – *Della fisionomia dell'huomo*, 1610

185 Giovan Battista Della Porta – *Della fisionomia dell'huomo*, 1610

Capa: Jirges Ristum em uma praia romana, 1968 (arquivo JR)

4ª capa: André Ristum, 1979 (fotograma do filme *La luna*)

Jirges Ristum – Cronologia

1942 Nasce Jirges Dieb Ristum, em 16 de março, em São Tomás de Aquino, SP.

1949-1952 Frequenta o curso primário em São Tomás de Aquino, concluindo-o em Ribeirão Preto, SP.

1953-1956 Ginásio no Instituto de Educação Otoniel Mota em Ribeirão Preto.

1957-1961 Clássico no Instituto de Educação Otoniel Mota, concluindo-o no Instituto Moura Lacerda, também em Ribeirão Preto.

1962-1966 Direito na Faculdade Laudo de Camargo, obtendo o diploma de bacharel em janeiro de 1967.

1964-1967 Repórter, redator e comentarista político na *Folha de S.Paulo*.

1966-1967 Frequenta cursos de filosofia e direito na USP. Casa-se com Teresa (Tezzy) Jemma e vai para Varsóvia com a intenção de cursar a Academia Polaca das Ciências.

1967-1969 Da Polônia segue para Roma, onde cursa sociologia e política na Universidade Pró Deo. Também a partir de 1967 trabalha em programas radiofônicos da RAI – Rádio e Televisão Italiana – para o Brasil, até 1980, com algumas interrupções.

1971-1972 Frequenta o curso de sociologia da *London Economic School* e, ao mesmo tempo, trabalha na BBC, no departamento de programas radiofônicos para o Brasil.

1973-1974 Volta para Roma e se aproxima da atividade cinematográfica, participando da produção do filme *Anno uno*, de Roberto Rossellini, na qualidade de assistente de direção.

1975 Ator e assistente de direção no filme *Claro*, de Glauber Rocha.

1978 Assistente de direção no filme *La luna*, de Bernardo Bertolucci.

1979 Assistente de direção no filme *O Mistério de Oberwald*, de Michelangelo Antonioni.

1980-1981 Com a Lei da Anistia, recupera seu passaporte brasileiro, volta ao país e é convidado por Neville de Almeida para desempenhar a função de assistente de direção no filme *Rio Babilônia*.

1983 Trabalha na Secretaria de Estado da Cultura de São Paulo. Publica o livro *Guardanapos*.

1984 Falece em Nova Iorque, vitima de leucemia mielítica aguda, no dia 18 de janeiro.

essesom,

luz - brilhante - sol

só penso

conhecer / afogar

n'águas dela,

maravilha,

ondas - da - noite.

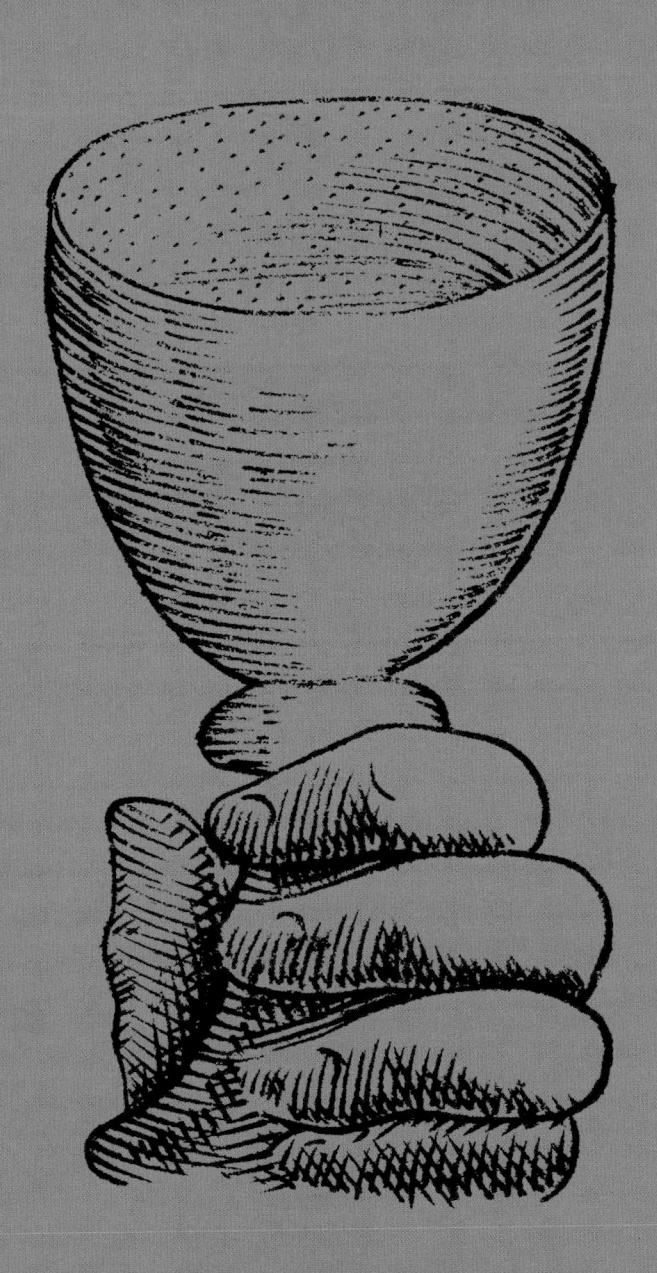

Um vento me leva
Lembranças de Jirges Ristum

© André Ristum, 2009

Organização
Ivan Negro Isola

Colaboração
André Ristum

Projeto gráfico e capa
Victor Nosek
Shadow Design

Assistentes
Felippe Albrecht Villa Real
João Luis Portaro

Dados Internacionais de Catalogação na Publicação
Biblioteca da Imprensa Oficial

Um vento me leva: lembranças de Jirges Ristum /
organização Ivan Negro Isola – [São Paulo] :
Imprensa Oficial do Estado de São Paulo, [2009].
188 p.:il. color.

Vários autores.
ISBN 978-85-7060-776-8

1. Cineastas – Brasil 2. Atores brasileiros 3. Ristum, Jirges,
1942/1984 – Depoimentos I. Isola, Ivan Negro

CDD 791.430 9281

Índices para catálogo sistemático:

1. Cineastas brasileiros : Vida e obra 791.4309281

A despeito dos esforços de pesquisa empreendidos pelo organizador para identificar a autoria das fotos
impressas nesta obra, parte delas não é de autoria conhecida.
Agradecemos o envio ou comunicação de toda informação relativa à autoria e/ou a outros dados que
porventura estejam incompletos, para que sejam devidamente creditados nas próximas edições.

Imprensa Oficial do Estado de São Paulo
Rua da Mooca, 1.921 Mooca
03103 902 São Paulo SP
www.imprensaoficial.com.br
livros@imprensaoficial.com.br
SAC 0800.0123401
sac@imprensaoficial.com.br

Imprensa Oficial do Estado de São Paulo

Diretor Industrial
Teiji Tomioka

Diretor Financeiro
Clodoaldo Pelissioni

Diretora de Gestão de Negócios
Lucia Maria Dal Medico

Gerente de Produtos Editoriais e Institucionais
Vera Lúcia Wey

Coordenação Editorial
Cecília Scharlach

Assistência Editorial
Edson Lemos

Revisão
Lindsay Gois

CTP, Impressão e Acabamento
Imprensa Oficial do Estado de São Paulo

Governo do Estado de São Paulo

Governador
José Serra

Imprensa Oficial do Estado de São Paulo

Diretor-presidente
Hubert Alquéres